学校に合わない
子どもと
親が元気になる
77の知恵
古山明男
かもがわ出版

はじめに

子どもが嫌がることを頑張らせることが教育だ、という文化風土は、変わってほしいです。子どもを頑張らせることは、子どもにとっても親にとっても負担が大きいし、先生だって苦労します。誰だって自分の目的も興味もないことを無理強いされたくありません。頑張らせる教育は、そうしたい人たちだけにしてほしい。

大人は、報酬のためだったら、嫌なことでも頑張ります。でも、子どもはそうではありません。子どもは、純粋な意欲だけで動いています。これは、後年、打算ではなく、世のため人のために行動する人間の基盤になります。子どものうちから、報酬で動かすべきではありません。

でも現実には、学校は頑張らせるところです。叱りつけたり、ご褒美を出したりして、なんとか子どもたちにやらせようとします。そうしますと、それについていけない子どもたちが、たくさん生じます。宿題をしない、忘れ物が多い、授業に集中しない、無気力になっている、などです。授業が簡単すぎて耐えているだけの子もいます。

そのような教育風土で生き延びるには、知恵が必要です。重要なのは、子どもがどのような意欲をもち、どのような関係を持っているかです。学校に行くか行かないは、本質的な問題ではありません。もっとも大切なことは、その子の気持ちや感じていることをあるがままに理解してくれる人が、一人でもいいから、いることです。

本書は、素直な視点で「こんなふうに楽しく育てばいいのではないか」や、「それは、学校のほうがおかしいのでは」ということを書いています。

とくに、不登校では、学校でもっとも苦しんでいる子どもたちが、「甘え、わがまま」と呼ばれ、追い詰められています。

たしかに、不登校の子どもたちの行動は、わけがわからないです。でも、本書を読んでもらえればわかります。あの子たちは、見えない氷の壁のようなものの中に閉じ込められてしまいました。フリーズしてしまって、何も表現できないのです。時間はかかりますが、温めて解凍すればかならず回復します。そのことを、新しい神経科学が解明してくれました。本書の第1章には、不登校はどういうものであり、どう対処したらよいかを書いてあります。不登校で苦しむ人たちのお役に立てると思います。

古山明男

学校に合わない子どもと親が元気になる77の知恵

もくじ

第1章 学校でフリーズする子どもたち

第2章 どんな子も学ぶ力をもっている

第3章 もっと多様でいいんじゃない？学校を考える

第1章

学校でフリーズする子どもたち

1 学校に合わない「マイノリティ」がいる

不登校が急増しています。2023年度は34万6千人（小中学校）になりました。私は、「ついに来るものが来た」と思っています。

近年、マイノリティの保護は進んでいます。LGBTと呼ばれる性的マイノリティも、学校で保護されるようになっています。それなのに、学校教育に合わないマイノリティは、存在の認識すらされませんでした。「問題児」とか「甘え、わがまま」とか呼ばれているだけです。いつか無理が来るのは、目に見えていたことです。

私がマイノリティと呼んでいるのは、いわゆる障害児だけではありません。はっきり診断のつく障害児は、不十分ではあるけれど保護されています。いわゆる障害児とは違う、知性のタイプが違うとか、感覚が特異であるとか、自分の興味関心以外のことは分からない、というようなマイノリティがいるのです。

よくいるのが、運動タイプの子どもです。身体を動かしていないと、頭も気持ちも動かない。この子たちは座学に弱い。何かというと動き出して問題児扱いされます。

運動タイプに近いけれど、歌って踊ってのタイプの子どもたちもいます。この子たちの身体の中には、いつもメロディーとリズムのあるものが流れている。この子たちは、硬いお話に弱い。歌って踊ってができないと、しおれていく。

絵ばかり描いている子どもたちがいます。この子たちには、図式にして見せると理解できる。ところが、言葉でだけ説明すると「ハア？」という顔をしている。

自分の中にストーリーが湧いてきて湧いてきて止まらない子どもたちがいます。この子たちは、ちょっとの刺激で自分の考えに入り込むので、授業の流れについていけない。実は非常にクリエイティブな子どもたちなのです。

高度な道徳的感覚を持っている子どもたちがいます。こういう子どもたちは、先生が叱っているのを見るだけでもつらい。先生がお説教をするのも、子どもを説得してしまうのも、暴力的だと感じられる。子どもが対抗しようのないものは暴力です。

その他にも、学校の教育に合わないタイプがいくつもあります。

彼らを集団一斉授業の中に囲い込もうとすると、授業をかき乱す問題児になったり、空想にふけっている無気力児になったりします。これまでは、なんとか学校に出席していました。ところが、ほんとうに時代が変わりました。学校に合わないマイノリティが、「もう無理だ」と自分を出すようになってきたのです。

2 見えない氷の壁に閉じ込められた子どもたち

不登校の子どもたちと出会ったのは、80年代の終わり頃でした。ある、不登校の子どもたちに勉強を無料で教える場で、ボランティアの講師をしないかと誘われました。行ってみると、無口で表情のない中学生や高校生たちがいました。

その生徒たちを見て、「あ、私が会社員勤めをしていたとき、こんなふうだった」と思いました。私は、職場の雰囲気に耐えられませんでした。見えない氷の壁のようなものがあって、周りの人たちが吸っている空気を吸うことができません。そして、周りの人たちのしていることや言うことを「それは違う」と感じることが多いのです。でも何も言えません。凍りついたように、何も言葉が出てこないのです。

そこにいた中高生たちは、きっとあのときの自分と同じ状況にいるのだ。だから、私があのときされたくなかったことはすまい、されたかったことをしよう、と思いました。

されたくなかったことは、アドバイスされることでした。きっと「せっかくここにいるのだから、頑張ってみようよ」とアドバイスされるでしょう。そう言われれば、反論のしようもありません。相手が親切で言ってくれているから、ノーと言えない。でも、とにかく会社の雰囲気がたまらないのです。その居づらさは、表現できません。

一方、されたかったのは、ただ普通の関係で付き合ってくれることでした。

このような、自分がされたくなかったことと、されたかったことを、私はその場の子どもたちに実行しました。彼らに、ああなれ、こうなれなんていうものは、何もありませんでした。そうしたら、彼らが打ち解けてくれました。

不登校の子どもたちは、自発性をまったく失っています。そういう子どもたちを温めていると、誰かから言われたのではない行動が、一滴また一滴としみ出てきます。

不登校問題では、どこに悪人がいるわけでもありません。でも、今の学校は「この子をこうしてやろう、ああしてやろう」の塊です。そういう教育に耐えられないマイノリティがいるのです。そのマイノリティたちが、ついに凍りついて動けなくなること、それが不登校です。

私は、いつのまにか、私塾とフリースクールを主宰していました。たくさんの不登校の子に出会いました。見えない氷の壁のようなものがその子の周りを囲んでいます。私の仕事は、フリーズしてしまった子どもたちを、温めて解凍することでした。

3 安易に「甘え、わがまま」と言わないで

学校に行かないだけで「甘え、わがまま」と言う風潮が日本にはあります。でも不登校の子どもをよく観察すると、そのような生易しい状態ではないことが分かります。「甘え、わがまま」なら、親に対する「おねだり」や「分からせたい」があります。ところが、不登校の子どもたちの心は、もっと遠くにあります。見えない氷の壁に閉じ込められてしまったのです。典型的には、このような状態になります。

1、【無表情、無反応である】

表情がありません。呼び掛けても反応しません。会話が成り立ちません。しゃべっても、実質的には一人しゃべりで、いったい何を言いたいのかよく分かりません。

2、【朝起きられない、腹痛、頭痛などの身体症状がある】

朝起きることができません。血圧・心拍数を計ると実際に低下しています。「起立性調節障害」という診断名がつくこともあります。午後になると症状が消えるので「仮病だろう」と言われたりもしますが、症状は現実のものです。午後になると症状が消えるのは、むしろ学校生活が原因であることを示しています。

3、【ゲームしかしない】

不登校の場合は、文字通りゲームしかしなくなります。子どもはゲームが大好きですが、普通ならば、テレビも見ない、他の遊びもしない、風呂にも入らない、ということはありません。

4、【人と会うのを極端に嫌がる】

先生や同級生が訪ねてきてくれても、逃げ隠れしたり、無表情のままです。人がみな、怖い存在、たまらない存在に感じられています。多くの不登校の子どもにとって、外出して人と接触するのは大きな苦痛です。説得で和らげることはできません。

5、【本人も理由が分からない】

本人も、どうして学校に行けないのか、分かりません。これは、言いたいことがあるのを抑えているのではなく、言葉にしていく回路が機能しなくなっています。

これらが２つ以上該当したら、本人が見えない氷の壁の中に閉じ込められている可能性があります。

4 不登校の理由は、解決した頃になって分かる

不登校の子どもたちに付き合ううちに、私は不思議な現象に出合いました。本人が、どうして学校に行かないかを言わないのです。ポツリと「先生が叱るのが嫌だ」などと母親に言うことはあります。そこで「あなたが叱られたの？」と聞くと、そうではない。他の子が叱られたのです。どうしてそのくらいのことで学校に行けないのか、理解に苦しみます。

不登校の子どもも、いずれは元気になってフリースクールに行くようになったり、学校に戻ったりするものです。そのように不登校としては解決した、という頃になって「実はいじめられていた」などと本人から言うのです。それで初めて「なるほど、行けなかったのももっともだ」と分かります。

こんな例があります。ある男の子は、小学校4年生で学校に行けなくなりました。中学生になった頃、母親に「実はいじめられていた」と話しました。トイレでズボンを脱がされたりしていたのだそうです。その子は、おとなしくて反撃しない子でしたから、何かというとイジられていた。「どうしてそのとき言わなかったの？」と母親が尋ねると、頭に黒い霧のようなものがかかっていて、言葉がまとまらなかったのだそうです。

自分の苦境を言葉として訴えることができない。これが、不登校の子どもたちに共通していることです。こんなに元気がなくて、うちひしがれているのだから、さぞかしひどい体験をしたのだろうと、私の立場からは見えます。それで、その子たちが話せるように話せるようにと配慮していました。ところが、「こんな目にあった」という話は出てこない。そのように自分の苦境を訴えない子は、一人や二人ではないのです。例外的な子はいましたが、たいていは、頭に霧がかかったような状態になっています。

やがて、私はこう思いました。「この人たちは、言いたいことがあるけれど黙っている『沈黙の人々』ではない。そもそも自分のことが言葉にならない『言葉なき人々』なのだ」。言いたいことがあるのに我慢しているのではなく、そもそも言葉にして表現する回路が機能していないのです。

この、不登校の原因が分からないという現象が、やっと「ああ、そういうことか」と納得できるようになったのは、私が「ポリヴェーガル理論」に出合ってからでした。

5 「もう苦痛を最小限にするしかない」

動物が、逃げるもならず闘うもならず、という状況に追い詰められると、仮死状態になってしまう。そのような現象を引き起こす自律神経が、人間にもある。それが「ポリヴェーガル理論」の言っていることです。

この理論に出合ったとき、私は「ああ、これだ！」と声を上げました。不登校の子どもたちのわけの分からない行動に、初めて納得のいく説明をしてもらえたのです。

不登校の子どもたちに、「どうしてそうなるの？」と首を傾げたくなる現象が２つあります。ひとつは、不登校の理由が分からないことです。朝起きられなくなり、お腹が痛くなり、学校の門の前で顔面蒼白になっているならば、よほどのことが学校であったはずです。ところが、「学校で何かあったの？」と尋ねても、本人からはっきりした答えが返ってきません。ボソリと「先生が叱る」と言うけれど、聞けば他の子が叱られたらしい。どうしてそんなことで学校に行けなくなるのか、理解に苦しみます。

もうひとつの首を傾げる現象は、子どもが自分から「明日は学校に行く」と言って、持ち物の支度（したく）もしていたのに、翌朝になると、起きてこないことです。「うちの子ときたら」と親は思います。ところが、あそこのお宅も、ここのお宅もそうなのです。子どもが「明日は学校行く」と言って、当日になると布団から出てこないのです。

不可解な行動が自律神経に起因するのだとしたら、子どもたちが、自分の意思では動きようがないことが、了解できます。

自律神経は、頭で考えていることとは関係なく機能します。たとえば、熱いと汗をかき、寒いとブルブル震えるのは、自動的に起こります。自律神経が自動調節しているからです。自律神経はいろいろなことにセンサーを張り巡らしています。「危険か安全か」を常に判断しているのも、自律神経です。

その自律神経の中に、「非常に危険だ」という判断で、自動的にメインスイッチを切ってしまうものが、１９９０年代に発見されました。メインスイッチが切れれば、フリーズした状態になってしまいます。

不登校の子どもたちの状態は、フリーズしたとか、仮死状態だ、というような言葉で説明するのがぴったりです。その状態が、自律神経の働きで起こるとしたら、本人にも理由が分からないことの説明がつきます。本人がいくら「明日は行く」と決意しても、自律神経はそんなことは与（あずか）り知らないのです。

では、いったいなぜ、フリーズしてしまうのか？　理論の提唱者は、動物が捕食者に捕まったとき、動かなくなると捕食者が放してしまって助かるからだと言います。でも私には、捕食者に捕まったときというのは納得できますが、逃げられるからだというのは腑に落ちません。ライオンやヒョウに捕まった動物は、動かないから、食べられてしまうのです。仮死状態になってしまうのは、食われてしまうときに苦痛を最小限にするための最後の手段に違いありません。

学校の教室で、子どもたちは逃げることも闘うことも封じられています。「猛獣に捕まって食べられる寸前だ」というときに機能する自律神経が、発動してしまうのです。

人間がゴリラやチンパンジーと枝分かれしてから、約700万年だといわれます。その700万年のほとんどを、人間は食べられる立場で過ごしてきました。特に人間を狙って食べていたのは、ライオン、ヒョウ、トラなど大型のネコ科動物です。今でも、ヒヒやサルは、ライオンやヒョウによく食べられています。人間に、食べられそうになったら苦痛を最小限にする機能が備わっているのは、当然のことです。

いったん、このメインスイッチを切ることが発動すると、容易には元に戻らないことが知られています。不登校の子どもたちが、短くて数カ月、多くは年単位の社会生活不能状態になってしまうことが、これで説明できます。

ポリヴェーガル理論が解明したことは、緊急時に仮死状態が起こることだけではありません。共感とコミュニケーションをつかさどる自律神経の働きも停止してしまうことを明らかにしたのです。呼吸、心拍、発話、聴力、表情などに、自律神経が深く関わっています。われわれが、充実した社会生活を送れるのは、自律神経が支えてくれているためです。

もしその機能が停止すると、頭がぼんやりしている、話そうと思ってもうまく言葉にならない、場に応じた感情が表れない、他人の気持ちを感じとることができない。いつも不安と恐怖がある。見えない氷の壁に閉ざされてしまったような状態になります。

実際の学校では、このようなコミュニケーション不能状態になった子に対し、他の子が違和感を覚えます。無表情で気持ちが悪い、空気読めていない、何を考えているか分からない存在です。話し掛けても、無視される。なんてヤツだ。そこで、この子がツツキの対象にされます。善意で刺激して反応を引き出そうとしている場合もあるし、悪意で面白がってイジっている場合もあります。どちらも、本人にとっては、攻撃されたとしか感じられません。先生もツツキに加担していることがあります。

いったんコミュニケーション不能状態になった子どもは、坂道を転げ落ちるように孤独地獄に落ちます。いくら頑張ろうと思っても、朝起きられないのです。

6 「母親が甘いから」ではない

子どもが不登校になると、母親たちが非常に苦しみます。

最初はびっくりします。それから、なんとか学校に行かせようとします。

ところが、子どもに学校に行けない理由を聞いても要領を得ない。「今行かないと、将来がたいへんだよ」と説得しても、何の反応もない。このまま休みグセがついたらたいへんと、車に乗せてでも学校に連れて行こうとします。すると子どもは校門のところで顔面蒼白になってしまう。教室まで連れて行こうとしても、足が動かない。

さすがに多くの母親が、これは何かおかしい、ただの「甘え、わがまま」ではないと感じます。この子を守ってやらなければならない、と思うようになります。

ところが、そこから母親の苦しみが始まります。子どもと、周囲の人間との、板挟みになってしまうのです。

まず、学校との関係があります。学校の問題点も多々ありそうだが、学校には、助けてもらわなければならないのです。先生との関係悪化を招きたくない。けっきょく

「先生、よろしくお願いいたします」と言うしかない。毎朝の「きょうは休みます」を電話でどう伝えたら良いかが、母親にとっての地獄になります。

それから夫がなんだかんだ言います。「もう、２カ月だろう。家では、けっこう元気そうじゃないか。キミが甘いからじゃないのかい」と言う。とても夫には理解してもらえない。離婚にまで発展するケースがあります。

そこに、おじいちゃん、おばあちゃんが出てきます。合計４人もいるわけだから、誰かがこんなことを言い出します。「もう、３カ月でしょう。母親が甘いからじゃないかねえ」不登校の子に特有の、あのどうしようもない状態を理解してくれる人はいない。子どもが学校に行かなければ、それだけで、「わがままだ」と思っている。

ママ友もいます。「ほったらかしたらだめよ」という人と、「行かせようとしてはだめよ」という人の両方がいます。言われるほどに迷い、自信をなくします。

どうしたらいいかと本やネットで情報を集めると、母親がこうすべきだ、ああすべきだが多い。自分の育て方が悪かったのかと、自責の念がつのる。

これらすべてのことは、「母親が甘いから」起こっているのではありません。日本には子どもを頑張らせるタイプの学校しか存在しないことから起こっています。

7 「親離れできていない」ではない

不登校の子どもたちは、対人恐怖が強いです。コミュニケーション能力に変調をきたしていて、安心できる人間関係を作れません。そうすると本人にとっての社会生活は、ゾンビが徘徊する館の中にいるようなものです。

年齢が高いと一室に引きこもることもできます。ところが小学校低学年の場合、まだ、引きこもってしまう力がありません。そのため、母親を求め、母親にしがみつくばかりになります。そうなると母親はたいへんです。買い物に出るのも困難になる。仕事にも支障をきたします。それは、決して特定の親子に起こるのではありません。たいていの低学年不登校の子どもがそうなります。

この、不登校の子どもが母親にしがみつく現象を、カウンセラーや学校関係者は「親離れができていない」と言います。しかし私は、これは恐怖と不安から母親にしがみついているのであり、「親離れができていない」こととは別の現象だと考えます。「親離れができていない」場合は、親子の間に共感関係が乏しく、互いにコントロールしようとしています。親からの指示アドバイスが多い。子どもからも、自分でできることを親にやらせようとする。ところが、不登校の学校恐怖の場合は、ただ母親にしがみついているだけです。不自然なコントロール関係はありません。

不登校では「付き添い登校」がよく行われます。「学校に慣れさせる」ためです。しかし、多くの場合、子どもは母親にしがみつくしかないから、母親に付いて来るだけです。私が話を聞いたお母さん方からは、付き添い登校をして「無駄だった」「消耗した」という声のほうが多いです。「学校に慣れて一人で登校できるようになった」は2例しか聞いていません。学校恐怖の子どもたちは、まず安心させることが必要です。恐怖に陥った当の場所で慣れさせようとするのは、得策ではないと思われます。

子どもが母親にしがみついているのは、どんな気持ちのときなのでしょうか。「恐怖と不安の激震」とでも呼んだらいいものではないかと思います。私は20代になってからその激震が分かりました。誰かの気分を害してしまったと感じると、不安の激震が走ってしっちゃかめっちゃかになります。居ても立ってもいられません。一人でいると叫び声を上げます。とにかく分かってくれる誰かを求めます。もし子どもがこの気持ちになったら、ただただ母親にすがりついているでしょう。

8 家畜化できない子どもたち

ガゼルという、小型で逃げ足の速い草食動物がいます。人間が飼いならして家畜にしようとしたのですが、できませんでした。ものすごく臆病で、人間に慣れないのです。ちょっとのことでパニックを起こして爆走し、柵に激突してけがをしてしまいます。

私が子どもたちと関わってきた経験からすると、人間の子どもは、このガゼルのような生き物です。安全かどうかに敏感で、神経質で気が散りやすい。お勉強に集中できない子のほとんどは、頭が悪いのではなく、安心が確保されていないのです。そして、ちょっと問い詰められると頭の中が真っ白になる。叱られるとパニックを起こします。

しかし人間の子どもがガゼルと違うのは、人間に集団性があることです。大声で脅せば、ガゼルだったら四散してしまいますが、人間なら集団の中に隠れようとします。これは「怖くて同調しているだけ」の状態です。爆走はしませんが、怯えているということでは、ガゼルと同じ状態です。

私は小学校に入学した日のことを覚えています。入学式で新入生は1列になって、会場に入っていきます。壇上には来賓や先生たちが居並び、講堂の後ろにはたくさんの保護者と上級生たちがいます。その注視を浴びながら、新入生は座るべき椅子に座ります。号令を掛ける先生が「一同、起立」と声を掛けます。全員がドッという音を立てて、立ちます。

あの雰囲気には、完全に威圧され、圧倒されてしまいました。何が、何のために行われているかなど分かりません。校長や来賓が何を言っているのかも分かりません。わけの分からないまま、周りの子の動きに同調していました。威圧された感じは、その後の学校生活でも同じでした。

私にとってつらかったのは、子どもたちがお互いに、ああしろ、こうしろと命令し合い「何やってんだよう」と責めていることでした。今となって考えてみれば、先生たちも、言葉遣いは丁寧でしたが、結局は、ああしろ、こうしろと命令し、評価という形で「何やってんだよう」と言っています。それが学校というものです。

学校では、どうしても家畜化できないガゼルちゃんたちがいるのも、それはそうだろうなと思います。

9 精神罰は、体罰より悪質

あるお母さんから相談を受けました。小学校1年生の娘が5月半ばくらいから学校に行きたがらない。忘れ物をして先生に怒られたそうです。家にいても思い出して震えている。「ごめんなさい、ごめんなさい」と泣き叫ぶ。

ある日も家で泣くので理由を聞くと、授業中の活動で貼った紙を間違えて破いてしまったのだそうです。しかし、怖くて先生に謝れなかった。それが気になって、家でも安心できないのです。

幼稚園までの様子を聞くと、元気な子だったといいます。幼稚園の同級生のお母さんに聞いても、「あの子ならどこでも生きていくだろう」と言います。その子が異常をきたすとは、どういうことだろう。私は「とりあえず学校を休ませたらいかがか」とそのお母さんに言い、本人にも会わせてもらいました。

その子は小さなプラスチックのバケツ一杯の貝殻を持って、私のところにやってきました。前日に海で拾ったのだそうです。「これ、きれいでしょ。何ていうの？」と私に尋ねます。いい感受性をしています。その子の手先の動き、コミュニケーション能力、興味の持ち方、いずれもよく育っています。

「かわいそうにね。本当に怯えてしまいました。今ご家庭できちんとケアすれば、後遺症は残さないです」と私が言うと、お母さんがボロボロと涙をこぼしていました。

先生は50歳台の女性だといいます。立証のしようはないけれど、子どもたちにそうとうにきつい精神罰を与えていると思われます。体罰は法律で禁じられていますが、罰を与えるのは、子どもに手を上げなくてもできることです。精神罰は体罰より悪質なところがあります。体罰なら「あの先生はひどい」と思うことができます。でも精神罰だと、子どもはぜんぶ自分が悪いのだと心の底から思います。家にいても思い出して身体を震わせ「ごめんなさい」と泣き叫ぶのです。

この子は、数カ月不登校をしてから、学校に戻りました。小学校の高学年のとき、私の私塾で付き合うことになりました。元気な子でした。物怖（ものお）じしません。ほんとうに、この子ならどこでも生きていけそうでした。漢字をやっていて「こんなの」とバッと手足をひろげて「大」の字を示すので、みんなで大笑いしたことがあります。この子ですら不登校になったということに、改めて驚きました。それほど、精神罰は危ないです。

10 先生の指導をひたすらこなす子どもたち

10年ほど前のことです。私に積年の持病があって、手術のために入院していました。病室の窓から見る空は秋晴れ。街路樹や庭木が赤や黄色に紅葉しています。その中に小学校があり、その校舎には「はばたけ○○の子」と学校名の入った横断幕が掲げられています。

先生たちが一生懸命やっていることは、よく承知しています。でも、標語だらけの学校は、教育上もっとも醜いことの一つです。子どもに対してほんとうに働き掛けることができる先生だったら、子どもと対話し、子どもの探求を助けるでしょう。「もっとはばたくんだ」みたいな精神論は、言わないです。

退院してから、お母さん方の集まりで「こんな学校が見えました」と言ったら、その中の一人のお母さんが「それ、うちの子の学校です」と言います。なんと、夏に私のところに相談に来て、娘が貝殻をバケツいっぱい持って現れたお母さんでした。お子さんは学校に行き始めたので、付き添い登校をしているそうです。あとで学校への感想のメールをくれました。

「授業を見ていて、毎回胸が締めつけられます。子どもたちは、小学校ではなく軍隊にいるようです。１日のカリキュラムはすごくタイトで、私が想像していたよりはるかに子どもたちは忙しいです。その割に授業の内容は浅く、充実感は足りないように感じます。規律を守るために、みんなすごくお利口です。動きはやたら俊敏で、時間を無駄に使わないようにしています。自分で考える時間はなかなか持てず、先生の指導をひたすらこなしています。

娘は、まだ少し怖いけれど、担任の先生もクラスのお友だちも好きです。だから、学校には行かせてあげたいけれど、あの学校生活はいただけないなあと思う日々です」

この子は、基本的に学校が好きな子でした。そして、お母さんがよくケアしました。コミュニケーション不全を起こすまでには至りませんでした。

その学校の具体的な教育目標には「あれをやります、これをやります」と良いことがたくさん書いてあります。でも、それを逐条的にきちんと実行しようとするので、先生たちは教育者というより管理者になります。そして、すごくタイトで、子どもをいつも動かそうとしている学校ができるのです。

11 「退屈だ」が分水嶺

子どもが不登校になって回復していくのに、段階があります。いくつかの段階表が公表されていますが、いずれも大筋は同じです。ここで紹介するのは、私が作成した段階表です。

1、【行き渋る】 本人が学校生活で、解決困難な問題を抱えています。
2、【不登校になる】 朝起きられない、腹痛・頭痛などの身体症状がある。問題を言語化できない。無理解にさらされると、暴れる。
3、【引きこもる】 無表情、無反応。人との接触を極端に嫌がる。ゲームしかしない。でも、自分を取り戻すのに必要な時期。
4、【退屈する】 「ひまだ」「退屈だ」と言い出す。家族との言葉が多くなる。
5、【自主的に生きる練習】 自分の興味・関心を取り戻す。無理するのでなく人と付き合えるようになる。

ここで分水嶺になるのは、子どもが「退屈だ」「ひまだ」と言い出したときです。外に出ない子が「退屈だ」と言い出すのは、エネルギーが貯まってきた証拠です。エネルギーがないときは、退屈すら感じないのです。

「退屈だ」と言い出すまでは、できるだけ余分な刺激を避けて休養させたほうがいいです。しかし、「退屈だ」と言い出してからは、いろいろな体験を積ませる方向で手配します。外に出る手配を始めていいです。とはいえ、なにぶんにも相手があることなので、すぐにうまくいくとは限りません。「親としては、良いところだと思うんだけどねえ」という思いをさんざんすることになります。しかし、そんなに難しいのかと思うと、フリースクールや習い事、教育センターのルームなどに、一発で「行く」と言うこともあります。何が起こるかは、なんとも申し上げようがありません。

不登校の最終段階で、自主的に生きる練習をする時期は大切です。家の中では元気だ、という状態になってくると、「どうして学校に行かないのだ」という家庭内や、親戚の声が高まります。しかし、子どもの感覚を信じたほうがいいです。不登校になる子どもは、自分を見失いやすい人が多いです。すぐに他人の声や意向に動かされてしまいます。せっかくなった不登校です。自主的に生きる感覚を身につけるチャンスにすればいいです。学校に戻るか戻らないかは、本人任せでよろしいと思います。

12 不登校の子どもに熱血先生は通用しない

学校に行かなくなる子どもに2つのタイプがあります。非行タイプと不登校タイプです。この2つのタイプは、簡単に見分けられます。

非行タイプ　　群れる
不登校タイプ　群れない

非行タイプは群れます。コンビニの前にたむろして、縁石に腰掛けて、「あの先公がよう」などとしゃべっているような連中です。

不登校タイプは群れません。人と交流する能力が、フリーズしてしまっています。

先生の立場からすると、非行タイプには、熱く関わることが有効です。一緒に縁石に腰掛けて「キミね、分かるよ。学校には嫌なことがたくさんあるさ。でもね、もう期末試験だろう。付き合うからさ、頑張ろうよ」と語り掛けるのです。

ところが、不登校タイプの子にこういうことをしたら、怖がって逃げていきます。熱く関わってくる大人を、自律神経は「攻撃してくる」と受け取るのです。担任の先生が、学校に来ない子に家庭訪問を繰り返して仲良くなっていくのも、成功率は高くないです。クラスのみんなからの「待ってるよ」という手紙も、温かさとは感じないで、集団同調圧力と感じます。

先生方に同情しなければならないのは、いろいろな子どもと家庭があることです。ある経験で「そうか、そっとしておいたほうがいいのか」と学んで、次の子もそっとしておいたら、こんどは保護者から「見捨てられた」と言われるのです。

不登校の子どもたちに接するときに気をつけなければならないことは、その子の身体の中で、無音の警戒警報が鳴り響いている状態であることです。大きな声を出してはいけない。畳みかけるように話してはいけない。説得してはいけない。求められないアドバイスをしてはいけない。何かをやらせようと誘導してはいけない。

不登校の子どもたちは、闘えない、逃げられない、抗議すらしません。ただうずくまってしまった子どもたちです。

13 「○○すればいいのよ」ではなく

不登校のお子さんを持った母親なら、親戚・知人から「○○すればいいのよ」と言われることがどんなにつらいことであるか、体験していると思います。抱えている問題は、そんな浅い次元ではないのです。

これは、不登校の子どもたちにとっても同じです。「○○すればいいんだよ」と言ってくる人たちからは、逃げていきます。

アドバイス型で問題解決しようとすると、うまくいきません。

不登校の子どもたちの抱えているのは、悩みではありません。具体的に何がどうという不満や要求があるのではありません。むしろ、生きていることそのものが揺らいでいる状態です。子どもは、信頼できる人が必要です。信頼できる人がいなくなると、恐怖と不安にとらわれてしまいます。彼らの多くは、コミュニケーション機能がフリーズしていて、うまく自分を表現できません。それでも、その子がその子であるということだけで愛してくれる人が必要です。

必要なのは、比喩的な意味も含めて、ハグしてあげることです。小さい子ならほんとうにハグしてしまえますが、中学生にもなると、ハグするのも難しくなってくるでしょう。でも、どうでもいいおしゃべりを楽しんだり、一緒に料理をしたり、ゲームをすることはできます。

まずは、幸せに生きる感覚を伝えることです。諸問題の解決は、その後です。

学校は、「～できたら認めてあげる」の世界です。認められなくてグレてしまった子や、認められることを諦めてしまった子がたくさん生じます。愛情不足の子を先生が十分にかまってやろうとしても、他の子がだまっていません。「なんで○○ちゃんだけ」「えこひいき」の声が上がります。先生としては、「もう幼くはないのだから、甘えてはいけない」と予防線を張るしかありません。

生きていることそのものが揺らいでいる子どもたちを、学校に来るか来ないかだけで判断し、良い子だ悪い子だと言っていたのが間違いです。それで、その子をとことん追い詰めてしまったのです。学校に来るか来ないかはどうでもよろしい。そんなことではなくて、その子がどういう人間関係を持ち、どういう活動をしているかだけが問題なのです。

14 「あなたを見捨てていないよ」

不登校で引きこもってしまった子どもを、無理矢理引きずり出してはいけません。しかし放置しない方がいいです。最低限していたほうがいいことがあります。それは、「あなたを見捨てていない」というメッセージを、出していることです。

不登校の子の多くが、ゲームしかしなくなります。親は「どうしたんだ。しょうがないなあ」と思います。しかし、考えてみてください。お子さんのゲームの仕方は、ちょっと変ではありませんか。子どもたちはゲームが好きです。でも、ふつうは、「ゲームしかしない」ということはありません。風呂も入ります。着替えもします。他の遊びもします。外出もします。

ところが、不登校の子は、文字通り「ゲームしかしない」のです。風呂に何週間も入らないというのもザラです。他の遊びもしません。これはゲームが好きというような問題ではなく、子どもが追い詰められているということです。何もしないと恐怖と不安がやってくる。それを打ち消してくれる唯一のものが、ゲームなのです。やめようと思っても、やめられるものではありません。

お子さんは学校に合わなかった。たったそれだけのことで、分かってくれる人が誰もいなくなりました。親を含めてすべての人から問題児扱いされ、懸念され、改善されるべき存在になりました。一見、そっとしておいてくれるようであっても、「いつになったらまともになるんだ」という思いを浴びていることは、分かります。

子どもの最大の不安は、これでは親に見捨てられてしまうのではないかということです。すでに、「見捨てられた」と思っているかもしれません。そんなことはないということを、保障してあげることが大切です。希望の光をともしてあげなければいけません。

もし話ができる関係であったら、こう伝えるといいです。

「ゲームをしていていいんだよ。あなたは、そのままでいいんだよ。」

表現の仕方はいろいろあるでしょう。その親子間で生まれる表現がいいです。とにかくあるがままを肯定する言葉を掛けます。

もし声を掛けることも難しい関係であったら、背中から祈ってあげるといいです。「ああなるように、こうなるように」と祈るではなく、ただその子の幸せを祈ればいいです。何かしら、流れが変わってくるものです。

15 ゲームはもっとも副作用の少ない抗うつ剤

不登校の子どもは、ゲームばかりしていることが多いです。それをどう考えるか、親御さんたちには悩ましいところです。

ゲームは、プラスも大きいし、マイナスも大きいものだと思います。でもしょせんは、人工物です。どう使うかの問題だと思います。初めからゲーム機を買い与えないのは、立派な見識です。一方で、積極的にゲームを認めてツールとして使っていくのも見識だと思います。今は、複数の人間でゲームの中に入り込んで、一緒にプレイすることも可能なソフトが多くて、優れたコミュニケーションツールにもなります。最悪なのは、ゲーム機を買い与えておいて、「ゲームばっかりでしょうがないね」「ゲームなんか」と言っていることです。ゲームのマイナス面が強く現れます。

まず、ゲームの効用を述べさせてください。生きるのに必要な達成感を与えてくれるのです。

喪失や失敗から立ち直るのに、どうしても必要なことが2つあります。ひとつは、世界にたった一人でもいいから、本音を分かってくれる人がいることです。優秀なカウンセラーは、これをやってくれます。もうひとつは、何か目的をもってやろうとした、できた、またやる、という達成感サイクルがあることです。これは、皿洗いでも、手芸でも、けん玉でも、何でもいいです。なるべく、結果がすぐに出るものがいいです。

　私自身は、気分が淀んだときに庭の草取りをします。草取りをするとき、草の一本一本に、つまみ方や力の入れ具合の微調節があり、5秒ごとに「抜けた」という達成感があります。葉っぱだけちぎれてしまうと「クソ」と思いますが、適度に難しさがあると工夫が必要になるので、飽きません。数分ごとに立ち上がって見回せば、手の届くところがきれいになっている。これは大きな達成感です。

　友人知人を見ていて、気持ちの落ち込みがあまりない人は、家事とか趣味とかで、チャカチャカと手を動かしていることが共通しています。気分が落ち込むと手の動きまで止まってしまう人は、深刻になりやすい。

　この、チャカチャカと手を動かして小さな達成感を積み上げていくのに、ゲームはよくできています。ゲームは、達成感の缶詰を売っているようなものです。もっとも気持ちが萎えた人たちでも、我を忘れて取り組むようになるのです。ゲームは、たいへん優れた抗うつ剤だと思います。

ゲームの問題点もあります。よくできすぎていることです。美しいビジュアル、没入できるストーリー、すてきなBGM、適度な難易度と快適な操作性、これで別世界に連れて行ってもらうと、戻って来たときにすべてが色あせているのです。現実世界を生き抜くことで充実感を蒸留していくことから、遠のいてしまいます。そこで、また再びゲーム世界に入っていきます。つまり、依存性があります。

ただし、依存性はあっても、中毒性は小さいと思います。視力が落ちたり体力が落ちたりはしますが、ゲーム依存になった時期があっても問題なく社会復帰している人が多いのです。薬物中毒だと、もっと深刻なダメージが身体にあります。

このようにプラスもマイナスもあるのですが、私はどちらかというとプラス面を評価しています。抑うつがひどくて他人から手を差し伸べるのが難しい人たちでも、ゲームは熱中し工夫し続けるようにしてくれるからです。ゲームは、優れた抗うつ剤です。われわれは、読書や映画鑑賞を、良い文化活動であると評価していますが、ゲームは、それと同じ次元にあります。観客が参加できる演劇のようなものなのです。

さらに、ゲームが果たしている重要な役割があると思います。私が観察した事例が少ないので、仮説として提出することしかできませんが、ゲームは、自殺にいたるような深刻な抑うつや、統合失調を発症するのを防いでいると思われます。どうも、深刻なうつの人、統合失調の人はゲームをしていない。また、ゲーム依存、ネット依存の人たちは、引きこもりにはなるけれど、それ以上のことにはならないようなのです。

このことは、ゲームのメカニズムを考えても理解できることです。うつ状態の人たちだと、自分の中で自分を責める言葉が野放しです。統合失調の人もとことん自分の思念世界に深入りします。ところが、ゲームをやっていると、ゲームの世界観の中で使命を与えられ、明確な目的意識に沿ってスキルを磨き、達成感を得ます。基本的に健全な精神活動をしています。

学校に行かなくなったとき、ゲームなしでも自分の遊びを見つけられるなら、それに越したことはありません。しかし、ゲームにハマったとしたら、目くじらを立てるより肯定してあげたほうが、自己肯定感が失われないです。自己肯定感が失われると、ゲームに逃れるしかなくなります。

ゲームしかしなくなっていても、子どもの回復力はすごいと思います。そのうちに退屈するのです。「クソゲーばっかりだ」と言って、ゲームから出てくる子もいます。「ゲームだけしていて、楽しいとでも思うのか」と言う子もいます。これが、大人の引きこもりだと、なかなかそうはいきません。退屈するほど、エネルギーが貯まらないのです。

16 ゲームから抜け出すには「手応えのある生活」

生きていくには、手応えが必要です。でも、現代の生活は、子どもにとって手応えがありません。

「～しなさい」「あ、それは～よ」ばかり言っている親がいます。子どもは親の言う通りにするけれども、何のために何をやっているのか分からない。親も、つい心配で言っているだけで、あとは何のフォローもしない。そうすると、子どもには、やった手応えがありません。

子どもに対して「あなたの好きでいいのよ」と、特に口出ししようとしない親もいます。社会的スキルの発達に重点がある子は、親との関係に手応えを感じられません。

学校の授業の大部分は、一方通行の授業です。手応えがありません。

そうすると、子どもたちは、手応えのあるものを求めます。自分でやった、結果が出た、上達できる、ということをしたいのです。

もっとも手っ取り早く、十分な手応えを感じさせてくれるのが、ゲームです。ゲームは、もっとも才能ある人たちが、自分と家族の食い扶持をかけて、「こうすれば子どもが熱中するだろう」というものを作っています。難しすぎず、易しすぎず、スキル向上の満足感があり、「やった、できた」という手応えを味あわせてくれます。子どもがゲームにどっぷりとつかるのも当たり前です。

ゲームばかりの生活から、子どもを抜け出させようとするなら、ゲームの代わりに、十分に手応えのある生活を提供できなければいけません。ただゲームを取り上げるのは、子どもに対する加害行為にすぎません。

もし可能ならば、生活の中に子どもを招待し、「役に立った」という実感を味わってもらうことです。「こうしたどうだろう、ああしたらどうだろう」と工夫のアイデアを出し合うのは、楽しいです。

たとえば、料理は学びの宝庫です。食材を選ぶ。費用を計算する。分量を計る。切る、剥く、煮る、焼く。いろいろなスキルがあります。

現実は、子どもが料理をすぐにやるとは限りません。ゲームから抜けられないとか、マンガを手放さないとかです。そういうときは「あと5分でお願いね」と予告をしてからにするといいです。叱ってしまうと、言うことをきかなくなります。

17 「理由なき情熱」が導く

一人ひとりの子どもが、自分が生まれてきた人生目的を持っています。それは、その子のやりたがる遊びとなって現れてきます。子どもはいろんなことに手を出します。その中に、あまり変化しないで続くものがあります。小学校1年生になる頃には、それぞれの子どもの専攻科目といってよいものが現れてくるものです。たとえば、次のようなものです。

電車、車などの乗り物系　　ロボット系
昆虫、魚、などの動物系　　花やハーブなどの植物系
おままごと系　　パズル系
球技系　　格闘技系
歌う、踊る系　　詩、物語系
お絵描き系　　演劇系
実験系　　工作・手芸系

鉱物、地学系　　　　　　　　　　　　地球、宇宙系

他にもたくさんあります。これらのそれぞれは、探求があり、クリエイティブであり、手応えがあります。単なる「遊び」と見すごすべきではありません。考えてみれば、それぞれが、大人の世界で職業が成立していることではありませんか。

こういうものに、子どもが情熱を燃やすとき、その理由の説明はつきません。この「理由なき情熱」は、その子が生まれてきた人生目的を映し出しています。さらには天職につながっています。天職に一直線につながるものでもないのですが、「理由なき情熱」が自然に湧いてきて、その子のたどり着くべきところにたどり着かせるのです。

学校に行かない場合、学校の勉強より、むしろこの「理由なき情熱」を主軸にすると、無理なく良い教育ができます。子どもは、図鑑や動画を見ているうちに、字を読むようになります。趣味の合う友だちとチャットして、文字を打っています。自分でマンガを描いたり、物語を作ったりします。

お子さんが不登校になった場合、学校のお勉強を家庭でやらせようとしても、なかなかうまくいくものではありません。多くの人がそれを嘆きますが、これはそもそもそういうものなのです。子どもが家庭ではやらないから、学校に行かせているのです。学校に来ないなら家庭でやれと言うほうが無理です。

18 ランキングにこだわらない、バイパスしてもいい

私は、30年以上、不登校の子どもたちの支援をしています。90年代の不登校に比べて、今の不登校は、親子の追い詰められぐあいが、軽くなっています。昔は、不登校に対する社会的認知が、「学校に行かないことは犯罪だ」というレベルだったのです。今は、交通事故程度になっています。

深刻さが減った大きな理由の一つは、高校が多様化していることです。

中学時代の不登校家庭は、高校のことが心配になります。このままでは学力が足りない、内申点もつかない、「いったどうするんだ」と、どうしても焦ります。そこに2000年代から、広域通信制高校がたくさんできてきました。学力、内申点を、実質的に必要としません。不登校だった子どもたちに親切に対応することをウリにしています。これらの通信制高校の内容はいいです。

ところが、通信制高校にも大問題があります。お値段が高いのです。大学並のお金がかかってしまいます。

では、金のかかるところしかないかというと、そんなことはありません。高くない通信制高校もあります。老舗（しにせ）としては、ＮＨＫ学園です。私立の通信制も、安いところがあります。

公立の高校で、実質的に学力も内申も必要なく入れるところもあります。各地方で探すと、けっこうあります。

高校を選ぶときに大事なことは、偏差値ランキングにこだわらないことです。高校は通過点にすぎません。偏差値ランキングが高い高校だからといって、それだけで社会に出られるわけではありません。ランキングが低い場合でも、昔はいわゆる「荒れた底辺校」が多かったのですが、今はそんなことはありません。むしろ、親切に対応してくれます。

高校段階でのセーフティ・ネットとして「高校卒業程度認定試験」という国の試験制度があります。これは、なかなかお得な制度です。難しくない、安い、年に2回ある。16歳から受けられる。進学にも就職にも、高卒資格と同等に通用します。合格科目は高校の単位と相互振替えが可能です。

自分でやりたいことがある人たちは、むしろ高校はバイパスしてしまって高卒認定試験で済ませ、自分のやりたいことに打ち込んでいることをお勧めします。高校までの学校は、やるべきことが先に決まっているところです。不登校になる人たちは、どうもそれに合わない人が多いです。今、学校外のいろいろな活動は盛んです。ネットで見つけられます。気の合う仲間がいれば、気持ちよく学校なしの生活ができます。

高校のランキングにこだわらなくてもよくなっている背景には、大学入試が多様化していることがあります。「高校推薦」と「総合型選抜」による入学者が、すでに一般入試より多くなっています（２０２３年度）。特に「総合型選抜」に向いている不登校の人は多いです。「総合型選抜」は、大学で学びたい分野がはっきりしていて、それに向けて探究を続けてきた人かどうかを評価します。自分の好きなことだけに打ち込んできた人たちを、それでよろしい、と入学させてくれる制度です。大学によってやり方は違いますが、おおむね、面接と小論文で入れてくれます。「こういうことをやってきました」という記録と制作物を示せることは大切です。

なまじっか大学進学するより、専門学校に行くという道もあります。お値段は安くないですが、確実に役に立つスキル、資格を手に入れさせてくれます。歌うことが得意で、中学年齢を終えたら、さっさと音楽の専門学校に行った子がいます。ほんとうに歌が上手な子です。

道はたくさんあります。とにかく、山登りがしたいとか、鉄道の全線完乗をやりたいというような子どもたちもいます。それには金もかかるから、自分でバイトすればいいです。半年でも1年でもやり抜いてから、後のことを考えればいいです。しっかりした生き方をする姿勢ができます。

万人向けとは言えませんが、中学あるいは高校から海外に留学してしまう方法もあります。私の知っている範囲ですが、オーストラリア、ニュージーランドの学校は、基本的に号令型ではないので、そちらに留学してうまくいっている人たちを知っています。イギリスのシュタイナー学校を利用したケースを知っています。日本人離れした、しゃきっとした人間になって帰ってきました。

進学で悩む前に、どうしても必要なのは、本人が学校生活で受けたダメージから回復することです。十分にケアしてもらい、コミュニケーションをとってもらって、親しい人間関係を持てるようになっていることです。友だちの数は少なくていいです。

私は不登校のご家庭に「高校段階になると、ぐっと楽になります。中学は、なんとか生き延びれば、それでいいです」と言っています。家庭では楽しく過ごすといいです。「家では元気だ」という状態になっていれば、あとはいかようにも道がつく世の中になっています。

19 頭脳のギアチェンジがある

「不登校でも、お勉強を焦ることはない」と実感しています。長期間学校に行かずに育った子どもたちを、たくさん見ているためです。遅くても大丈夫なのです。高校年齢くらいからの勉強で、高卒認定は取れるし、けっこう大学にも入ります。大人になったときには、まったく問題がありません。どうしてなのか、私にも説明できません。でも、現実の子どもたちを見ていると、「頭脳のギアチェンジ」があると感じます。

10歳になると、ずいぶんもの分かりがよくなります。それまでは、意思と感情が発達します。情動だけで動いています。ところが、10歳の子どもは、かなり考えるようになります。人の立場も分かるようになります。学習塾通いにも無理がなくなってくるのが、だいたいこの年齢からです。

15歳くらいに、もう一段ギアの切り替えが起こります。起こる年齢には個人差が大きいのですが、17歳ならだいたい切り替わっています。これ以降は、無理なく教科書的な勉強に取り組めるようになります。そのため、中学の後半ないし高校生くらいの年齢で小学校の勉強を教えると、進みが早いのです。数日で算数の教科書の１冊が終わります。そもそも教科書を読ませるタイプの学習が向いているのは、10代後半からの能力なのだと思います。小中学校は、座学より活動を中心にしたほうがよい。

小中学生に「今やらないと、あとがたいへん」と言う人たちは、小学校の先生、中学校の先生、塾の先生などです。みなさん、自分が担当している年齢だけ見ています。その後、ほんとうにたいへんだったのか、実際に確かめている人はいないでしょう。一方、中学高校の年齢の生徒に教えていて、「基礎をちゃんとやっていないからこうなるんだ」と言う先生たちもいます。でも、そう言う先生たちは、中学高校の勉強には基礎がいる、という当たり前のことを言っているだけです。その年齢で小中学校の基礎を教えるのは楽だ、ということを知っているわけではありません。

私は、学校にまったく行っていなくて、高校生くらいの年齢からお勉強に取り掛かる子どもたちを相手にしてきました。算数の教え方を特に研究しています。小中学校の難所は、分数、割合、文字式です。いずれも頭脳がある発達段階に達していないと、どんなに教えても無理です。発達にはものすごく個人差があり、ある年齢で必ず習得させるというやり方をしない方がいいです。高校生くらいの年齢で教えると、この難所でひっかからずに、スイスイと進められるものなのです。

20 集団一斉授業は壊れやすい

私は、集団授業をすることもあります。集団授業というのは、うまくいくときはすごくいいのだけれど、でもそれ自体は、傷つきやすく壊れやすいものです。

集団の中の誰か一人が、騒ぎ出したり動き出したりすれば、もう授業としては壊れてしまいます。いやいやながら授業を受けているのが明らかな子もいます。生徒の一人でもつまらなそうな顔をしていれば、教師である私の心は穏やかでなくなる。

私が中学生のとき、授業中に「おい、お前、聞け」とチョークを投げる教師がいました。集中しないクラスに、延々とお説教をかます教師がいました。私は「あんたの授業がつまらないせいでしょ。恥ずかしいことをする教師たちだ」と思っていました。

しかし、自分が教える立場になったら、あの教師たちの気持ちは分かりました。

気持ちは分かるが、あの教師たちみたいになりたくはないので、魅力的な授業をするように努力しました。でも結局、そんな生易しいものではありません。そもそも生徒たちに、授業を受ける動機がないのです。

「このことを学びたい」という人が集まっての集団授業ならいいのです。個別でやる以上の盛り上がりができます。

でも小中学校は、就学義務（学校教育法第17条）だからと強制的に集めた子どもたちに授業をしています。子どもが「これを学びたいから、授業を受けにきた」わけではありません。私塾であれば、親たちが金を払って、子どもを来させています。子どもの動機ではありません。

授業の魅力だけで生徒を惹きつけるのは、教師に力量が必要です。現実には、教師たちの多くが、子どもを脅すことに手を出します。叱責する、お説教をする、他の子と比べる、集団同調圧力をかける、点数評定をする。このようにすると、目先の効果は大いに上がります。でもそれは、教師と生徒の信頼関係を権力関係に変えてしまう麻薬です。権力関係で教えたものは、表面をコピーしただけで、ほんとうの学びではありません。教師が麻薬に手を出さざるを得ない基には、集団一斉授業があります。

日本の教育は、集団一斉授業という枠を崩さない中で、分かる授業をしよう、子どもの個性を生かそうと、頑張ってきました。でもそれは、浴槽の中で魚を飼うようなものだったと思います。スイスイと泳ぐ魚たちもいましたが、無理に無理を重ねているだけのマイノリティも生み出していました。それが不登校として現れています。

21 学校に行かなくても将来はなくならない

子どもが学校に行かないと、大人になったらどうなるのか？「普通のおじさん、おばさんになります」と言うのは、たくさんの不登校経験者に会っている不登校新聞編集長の石井志昂氏です。私が出会った不登校の人たちも、やはり普通のおじさん、おばさんになっています。小中学校に行っていないからといって、大人になってどうということはないです。

子どもが不登校になって「このままではたいへんだ」とあわてるのは、学校に行かなくなったときのたいへんな様子を、そのまま延長して考えるからです。そのとき、本人は自律神経失調でフリーズしていて、考えも言葉もまとまらない。親はなんとか学校に行かせたい。それに子どもが抵抗する。暴れることもある。お勉強的なものは、手にもつかない。お先真っ暗になるのは当然です。

でも、それは一時的なことです。

学校に行かなくて将来はどうなるか。そんなデータを学校が持っているはずはありません。学校は、学校に来た子どもを見ているところです。

学校にはたくさんの長所があります。しかし「学校に来ないと、この子の将来がなくなる」と言うのは、善意から発していることは分かりますが、「この壺を買わないと、不幸になります」と言っているのと同じです。ほんとうだというなら、データを見せてほしい。学校生活で、社会性が壊れてしまった子どもたちもいるのです。

私はホームスクールの人たちを支援しています。２０００年代にホームスクールで育った子どもたちと、その後も付き合いが続いています。先日久しぶりに「マージャンやろう」と会いました。かれらは、小学校すら行っていないピュアな無学歴です。この人たちの親は、子どもの自然な学ぶ力を信じて、家庭でも教えていません。親は、本人が望めば進学させるが、本人が望まないなら自由にさせていました。それでも、かれらは読み書き、社会性に困ってはいません。計算は電卓で済みます。

かれらも今は30代です。みな定職についています。彼らに共通しているのは、出世志向がないことです。競争意識もない。その日その日を生きている。おそらく、人類の歴史の大部分を、人間はこんな生活感覚で生きてきたのだろうと思います。

22 「休みグセ」ではない

コロナ自粛が明け、学校が再開された頃のことでした。教育委員会の方たちと話をする機会がありました。ある方が「休みグセがついてしまう子どもたちもいます」と言いました。学校関係者の間では何気なく使われる言葉なのでしょう。でも私は、「えっ、休みグセって言うの？」と感じました。

今の社会で、子どもが学校を嫌がって行かなくなる現象を「休みグセがついた」と見るのではなく、「正直に生きられるようになった」と見る人たちが増えているのです。大人たちにも「努力、頑張り、忍耐」で生きる人たちと、「感受性、正直、自然」で生きる人たちの、２つの流れがあります。ところが、教育にはほぼ「努力、頑張り、忍耐」タイプの学校しかありません。それで困っている人たちも、たくさんいるのです。

コロナ自粛が明けたら、学校に行かなくなった子どもたちが、私が知っている範囲にもいます。彼らに共通していることは、それまで無理に無理を重ねて、学校に行っていたことです。登校が毎日の習慣になっていたときは、なんとか続いていました。

でもコロナ休校が続いて、いったん緊張の糸が切れてしまったら、もう元には戻りません。朝、起きられないのです。でも、すっきりと休めているのではなく、「テストが、提出物が」ということで頭がいっぱいで、心は休めていません。そういう子どもたちが、「休みグセがついた」、と言われてしまうのです。

別なタイプの子どもたちもいます。「休めて楽しかった。もう学校なんてつまらない。行く気がしない」という子どもたちです。学校の先生たちは、「休みグセ」がついた悪い子たちだと思うでしょう。しかし、「休みグセ」ではありません。子どもたちが、別の道を選んだのです。

こういう子どもたちに対して「将来のことを考えて頑張りなさい」と努力を押しつけてきた学校が、教育の停滞を招いたのではないでしょうか。つまらない学校をつまらないって言って何が悪い。そう、私は子どものときからずっと思っていました。

もちろん、コロナ自粛明けに、「あぁ、学校が始まって良かった」と喜んで学校に行く子どもたちもいます。今まで不登校だったけれども行くようになった子どもたちが、私が知っている子たちの中にもいます。今の時代、いろんな人たちがいて、いろんな感じ方があります。どうか、それに対応できる学校と教育行政であってほしいと思います。

23 「問題行動」としか捉えられない危うさ

香港で学生たちが大学に籠城し、重装備に身を固めた機動隊に、投石、火炎瓶などで抵抗していました。それを見ていると、自分の学生時代のことを思い出しました。日本でもあれと同じことがありました。１９６８～69年に、日本各地で学生が大学に立てこもり、それを排除しようとする機動隊に石や火炎瓶を投げていました。

ちょうどそのとき、私は荒れた大学の一つに入学しました。「暴力学生」たちの行動にも論理にもついていけませんでした。でも、体制側の論理にも反感がありました。

大学生たちは、自分たちが点数稼ぎに追い立てられ、評価のレッテルを貼られ、いずれは社畜にされる運命が待っていることを知っています。その閉塞感とやるせなさを、私は共有していました。

日本の大学紛争は、機動隊によって鎮圧されました。大学は「正常化」されました。しかし70年代に日本の学園紛争は、高校から中学まで波及していきました。中学高校で起こったことは、論理も要求もない「校内暴力」でした。

大学生には、まだ論理も要求もありました。しかし、中学生高校生は、授業を妨害し、学校の設備を破壊し、教師を侮辱しました。それに対して、荒れた学校には、たくさんの怖い教師が送り込まれました。そして、問題生徒たちを完全に押さえ込みました。

その70年代からなのです。不登校が現れ、統計上の数字にまでなっていくのは。

学校は強い管理体制を敷きました。もっとも主張が強くて言うことをきかない生徒たちすら、服従するようになりました。そうしたら、もっとも敏感で繊細な子どもたちが、教室の片隅でバタバタと倒れるようになりました。それが不登校という現象なのだと、私は理解しています。

60年代後半の学生騒乱は、ヨーロッパから始まっています。この学生騒乱に端を発して、欧米諸国は本気で教育改革に取り組みました。騒いだ学生たちは、「今度は中から変えてやる」と教育省などに就職していきました。生徒や保護者の参加が重視される学校ができ、生徒の意思をより尊重する教育が開発されていきます。

一方、日本では、若者の行動を「問題行動」と捉えて圧殺することしかできませんでした。それが今、膨大な数の不登校となって現れています。

24 学校で、思想・良心の自由を守ってほしい

学校の価値は、ほうっておけば勉強などしない子どもを、強制してでも来させて勉強させることにある。学校に来ないことを認めるなど、論外である。

そのような考えの人も多いと思います。実際に昭和の学校は、そうだったし、それで社会が動いていました。そのことをはっきり言う学校があっていいと思います。

「中学生らしく」

「目標を持って頑張る」

「目上の人間を尊敬する」

「規律正しい集団生活」

今も、多くの教師は、この価値観で行動しているのです。それなのに、「楽しい学校」「夢と希望」「個性尊重」などという声に押されて、表立っては言うことができないでいます。堂々と言って、教育目標にすればいいではありませんか。憲法は、思想・良心の自由、学問の自由を保障しています。

今の学校は、言っていることと、やっていることが違いすぎます。変な人工甘味料を使わないでほしい。

そのかわり、違う考え方の子どもや親も尊重してほしい。義務教育段階でも教育を選べるようにしてほしい。

「点数評価をしません」
「号令のない学校を作ります」
「子どもが嫌がることを、無理強いしません」
「遊びを大事にします」
「宿題を廃止します」

そんな学校もあってもいいではありませんか。そういうニーズはあるのです。

もっと根本的には、学習指導要領の法的拘束力をはずしてほしい。実験的な教育ができるようにしてほしい。ホームスクールを解禁してほしい。

不登校の根本原因は、子どもの足に合った靴を作ろうとせずに、靴に子どもの足を合わせようとしていることにあります。

第2章

どんな子も学ぶ力をもっている

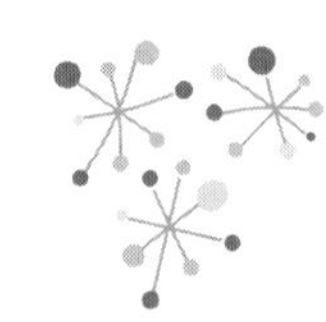

25 私だけは絶対に子どもを成績で見るまい、と決めたこと

中学生のとき、私は好奇心でいっぱいでした。ラジオの仕組みが知りたくて、自分で分解しては組み立てていました。虫を観察するのが大好きでした。学校の図書館の世界文学を片っ端から読みあさりました。自転車であの道この道と探索していました。

そのような純粋な興味と探求がどんなに貴重なものか、自分でも分からなかったし、特に護ってくれる大人もいませんでした。母だけが文学で付き合ってくれました。

学校は薄っぺらでした。学校は、豊かな自然を壊して作った工場のようなものでした。逃げようがないから付き合いましたが、心がはばたけるところではありませんでした。でも、世界への信頼と好奇心に満ちていれば、点数などついて回るものです。家で教科書やノートを広げたこともありませんでしたが、成績はたいへんよかったです。そうしたら、親も親戚も、「こいつはトーダイに入りそうだ」と思いました。

みんな、私の成績のことばかり見ていました。エリートコースに乗れる幸せな子どもと見ました。でもそれは「この森の木を切ったらいい値段になる」と見るようなものです。私が興味と関心のかたまりであることを見て、私の遊びを護り助けようとする大人は現れませんでした。中学の教師は、成績が一番いい私が遊んでばかりいて他の生徒に示しがつかない、と私を叱りました。

勉強しなくてもこんなに良い成績を取るなら、勉強したらどんなにすごいことになるだろうか、と彼らは考えました。それは違います。私は、不純な動機なしに「知りたい」と「やりたい」で生きていたから、学ぶ力を保っていられたのです。学んだことすべては、意味を持ち、よく整理され、イメージ豊かでした。私が良い成績とか、進学などの欲を出したら、たちまち私の頭はガラクタ知識の収納箱になります。

実際、そうなりました。点数のための勉強は、頭の中を乱雑にします。

当たり前のように県立の名門高校に進みました。そこは一流大学を目指すことが自明の世界でした。プレッシャーに負けて少しは勉強するようになりましたが、成績は下降気味でした。結局一流どころの大学に入りましたが、虚無感にとらわれました。自分が何をしたいのかも分からず、授業もさっぱり分からず、すべてに冷笑的になりました。

私塾をやるようになったとき、良かろうが悪かろうが、私だけは絶対に子どもを成績で見まい、その子がほんとうに興味関心を持つことを護ろうと心に決めていました。

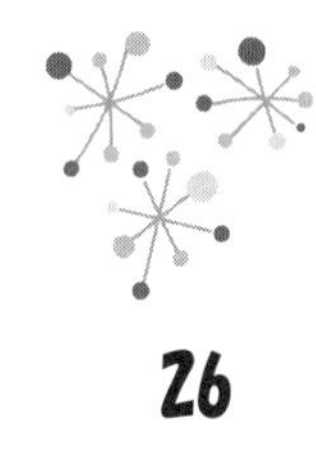

26 天職を見つけることを学校任せにしない

お父さん、お母さん方と子育てについて話をする機会があると、こう話すようにしています。

一人ひとりの子どもが自分の天職にたどり着くことを学校任せにすべきではありません。天職を持つというのは「これはたとえお金をもらわなくてもやる」ということをやっていて、しかも食えていることです。これは、今の社会ではなかなか手に入らない幸福なのです。現在の学校教育は、19世紀の後半に生まれた、国家と産業のための教育です。先生は40人をいっぺんに相手にしています。先生にとっての子どもの個性は、その子の授業態度と集団適応としてしか見えないのです。

一人の子どもの天分が何であるかは、その子が自由に活動できる時間がないとなかなか分かるものではありません。何かに天分があるというのは、それに興味を持って「これはどうなっているのだ」「こうしたらどうなるのか」と食らいついていくことです。それはまったく自発的であることに美しさがあります。

数学的才能や文学的才能など、学校の教科と重なりやすい天分ですら学校の成績に反映しているとは限りません。まして、教科の枠組みでは捉えようのないことに天分を持っている場合には、学校教育の網には引っ掛かりません。

私の知っているある子は、動物の体調や気持ちを読み取れていました。競馬の勝ち馬すら当てていました。ある子は他人のオーラが見えていて「真っ黒なオーラの先生が教室に入ってきたと思ったら、延々と生徒を叱り始めた」というようなことを観察していました。ある子は不思議な聡明さを持っていて、学校の授業が分からないときは瞑想(めいそう)していました。

学校の教科教育は、不足しがちな知識やスキルを身に付けさせてくれます。しかし、学校教育が教育のすべてであるとして家庭での自由時間を教科学習に捧げさせるのは、本末転倒だと思います。子どもは、自分が本当にやりたいことを認めてもらい、支援してもらうと、ものすごく伸びます。ある子にとっては、それは縄文土器を自分で作ってみることでした。ある子にとっては親への誕生日プレゼントを自作することでした。ある子にとってはチェロを演奏することでした。

与えられた「為すべきこと」のリストをこなして良い評価を得ているだけでは、どうしても行き着けないものがあります。

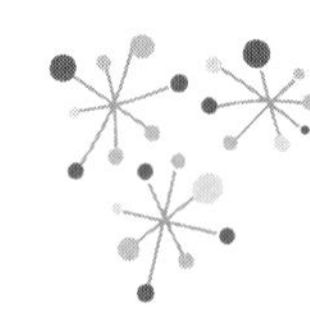

27 それぞれの子どもに、情熱を燃やす世界がある

その小学校1年生の女の子はファンタジー世界の住人でした。ランドセルにはユニコーンの人形がぶらさがっています。ペンケースの中にはキャラクターのシールが貼ってある。私が美しさと物語性を大事にした「アート算数」を作っているのだ、とお母さんに言ったら、親子で実験的授業に協力してくれることになりました。その子は学校では算数が不得意ということでした。

私はスケッチブックをその子に渡しました。物語世界を共有するためです。

『私のペット』を連れてきてね。絵に描けばいいよ」

「僕のペットはね」と、私も自分のペットの絵を見せます。それは「パーチ」という名前の想像上の動物です。「ゾウの鼻と、キツネのしっぽと、イヌの心を持っているんだ」と私は絵を指さします。私の夢の中に現れたので大事に飼っています。

「私のペット」に、その子はたちまちノッてきました。クレヨンで一心不乱に描いてくれたのはユニコーンの絵でした。ハッピーという名前で、みんなを幸せにすることができるのだそうです。

このような子がよくいます。人を幸せにすることを目的として、生まれてきた子どもたちがいるようなのです。そういう子たちは自分の成績のために頑張る世界には、なんとなく居心地の悪さを感じています。

次のときまでに、私は手に持って動かせるユニコーンの絵を作りました。そのユニコーンが「ハッピー魔法」を使って、天国から落ちてきた妖精を助けるという物語を作りました。そのハッピー魔法を使える回数のところを、算数にしてあります。その舞台にはパネルシアターという、キャラクターやいろんな物の絵を、貼り付けて動かすことができる装置を使っています。

私が演じていると、その子も入り込んできて、ユニコーンの絵を動かしてくれました。セリフもつけて「だいじょぶだよう」と妖精さんに語り掛けています。

この世界ができてしまえば、算数を教えることは難しくありませんでした。今では、その子は算数が得意だと言います。

それぞれの子どもに、その子が情熱を燃やしている世界があります。それを無視して「あなたはこれをやらなければいけない」と椅子に座らせ、褒めたり罰したりしているのでは、子どもの心がついてきません。

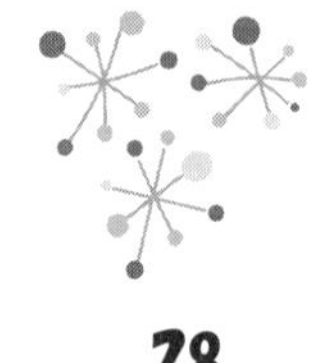

28 子どもの天分が見つかる意外なとき

私は私塾を主宰しています。授業がいつもうまくいくとは限りません。生徒たちにわからない、つまらない、という思いをさせてしまうこともあります。

小学校5年生の子ども4人に、算数の割合を教えているときでした。このくらい大丈夫だろうと数字だけで説明していたら、子どもたちが分からなくなったようです。そんなとき、子どもたちは「あ、そこ、分かりません」と言ってはくれないものです。「分からない、つまらない」と感じたら、耳の中のシャッターが自動的に降りてしまって、それ以上は先生の話を聞かなくなるだけです。聞いていないのだから、何が分からないのかも分からない。

私は少人数を相手にしていますし、子どもが発言しやすい場作りを心掛けています。そうすると、授業がつまらないときには、勝手にしゃべりだすことが多いです。

一人の子は「社会やろう」と言いだしました。一人の子は、おひゃらけてウケ狙いのことを言います。一人の子は、ウケ狙いの子に「何言ってんの」と突っ込んでいます。一人の子は、持ってきた本を読み始めました。

授業を工夫し、生徒が退屈しないものにすることは大事です。私も授業研究はしています。でも私は、別な方向の研究に力を入れるようになりました。そもそも、子どもたちの興味関心と関係ないところから、「お前はこれをしなければならない」と授業を強制する構造の中では、いくら授業を工夫しても限界があると思ったのです。それよりも、子どもの中に自然に湧き起こる興味関心はどのようなものなのか。それを柱にして学びを組み立てられないかの研究でした。

そういう視点からすると、この日子どもたちがしていた勝手なことも、なかなか味わい深いものがあります。「社会やろう」と言いだした子は、ほんとうに社会科が好きですし、社会的能力が天分だと思われます。おひゃらけた子は、対人的な柔らかい感性を持っています。それに突っ込みを入れた子は、受け身で学ぶのは苦手ですが、自分から行動を起こす力があります。本を読み始めた子は、言葉による思考能力があります。

授業が分からず無力感に襲われたとき、それぞれの子が一番得意なことをして、自分を元気づけているのでした。意外にもそこに、それぞれの天分が垣間見えるのです。

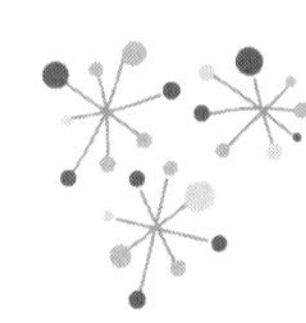

29

誰だって親切にしてほしい

私が自分の私塾で教えるとき、親切であることを教えることが目的であり、教科を教えることは手段にすぎません。子どもたちが練習問題をやっているとき、私はそばに行って、「うんうん、そうそう」とか、「なるほど、いいね」などと声を掛けています。これをやっておかないと、後で「そこ、違うよ」と言わなければならないときに、子どもを萎縮させてしまいます。

生徒が分からなくてつかえているときは、「今、どういうことを考えているのか教えて」と伝え、生徒に説明してもらいます。こちらからの指摘だけでは、理解が深まりません。生徒に話をさせることが大事です。「なるほど、そっちの線から行ったわけね。それで、ここでつかえたというわけか。なるほどねえ、そうなるよなあ」。とにかく本人の考えていることを引き出しながら、対話することです。こちらから説明するときは、なるべく簡潔に話し、なるべく図を使うことを心掛けます。

こういう「親切モード」で私が一人ひとりを見ていると、教室の中では面白いことが起こります。私が一人の子に親切に接していると、他の子が「おっちゃん」と私を呼ぶのです。これはたちまち伝染して、「おっちゃん、おっちゃん」と、子どもたちの大合唱になります。まるでセミが鳴いているみたいです。特定のクラス、特定の子にだけ起こるのではないことに、私はびっくりしました。

誰かと誰かが仲良くしているとき、自分も割り込みたいというのは、誰にでもある動物的な本能だと思われます。人間だけではありません。犬を室内で飼っていたことがあるのですが、家族同士で肩をもみ合っていると、犬が必ずその間に割り込んでくるのです。

子どもたちは考えてやっているのではありません。誰かが親切にしてもらっているのを感じ取ると、反射的に「おっちゃん」と呼んでしまうのです。誰だって、親切にしてほしいんです。これは、人間の深いところにある欲求であって、嫉妬と捉えるべきではないと思います。

今の教育は、子どもたちが工場や事務所で生きていけるように、小さいときから訓練しようとしています。それは、ベルトコンベアの上に子どもを置いて、次々と部品を取り付けていくようなものです。でも、子どもたちは、もっと親切にしてもらいたがっていますし、もっとかみ合ったコミュニケーションを必要としています。

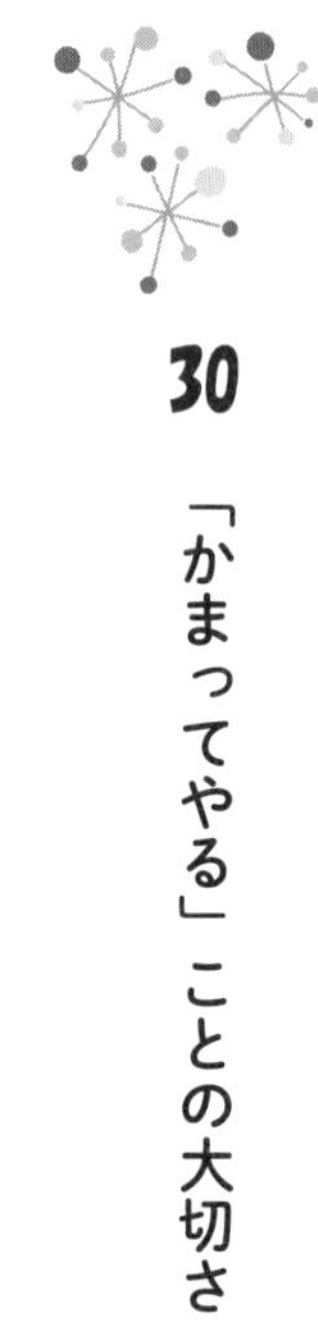

30 「かまってやる」ことの大切さ

「お兄ちゃんが『かまちょ』なのよ」と、ある小学校5年生の女の子が私に言います。「何だい『かまちょ』って」と私。「かまってちょうだい、のこと」

なるほど、そういうことか。そのお兄ちゃんは高校1年生で、私も知っています。彼は真面目すぎるところがあるから「かまちょ」になるのはいいことです。

誰だって愛されたいのです、かまってほしいのです。これを正当に認めないから、つまらないことで自己顕示する人や、権力を振るって自分を認めさせようとする人が世の中にあふれる。あの人たちを子どものときにちゃんとかまってやっていたら、こうはならないだろうに。

長年、私塾とフリースクールをやってきました。「かまってやる」ことが、子どもの発達にとってすごく大事なことなのだということを、身に染みて感じています。今の教育は「指導する」しかないのです。一方でそれに疑問を持つ人たちは、一切の口出しをしなくなります。ところが、その中間に「かまう」があるのです。

人間同士としては対等だけど、体力やスキルには圧倒的な差がある。そのときは「かまう」ことが相手を尊重することです。

何かにつけて、どの子にも声を掛けて「キミのことを忘れていないよ」と軽くかまってやるのは、大事なことです。忘れられてしまった子をつくると、その子がこんどは不協和音を鳴らし始めます。

子どもをちょっとくすぐってやる。子どもがくすぐり返す。そこから、追いかけっこになる。これは、実は「やり返してもいいんだよ。逃げ回ってもいいんだよ」ということを伝えています。いじめられやすい子に、いくら「逃げてもいい、やり返してもいい」と口で言っても、実行できないのです。かまってやると、感覚が伝わります。

子ども同士だけで遊ばせていると、この「かまってやる」感覚がないので、すぐに本気を出してしまいます。戯(たわむ)れているつもりで、思いっきりぶってしまう。遊び上手な大人が相手をしてやっていれば、身体によじ登らせたり、取っ組み合ったりしているうちに、手加減する感覚が伝わるものです。「思いやり」を口で言っていてはいけない。実際にかまってやる中に思いやりを込めるのです。

子どもがもっとも必要としているのは教師ではありません。かまってくれて遊んでくれる人です。学校には教師しかいないから、いじめや不登校がなくなりません。

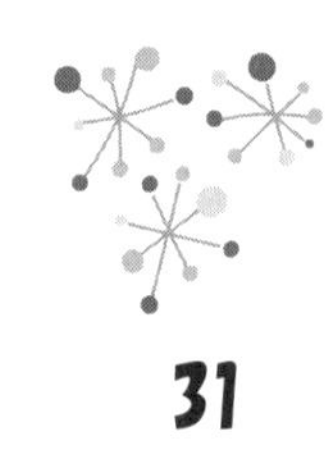

31 「おにごっこ」「かくれんぼ」はルール社会への入り口

現在の学校教育に合わない子どもたちに、その子その子に合った教育を提供する仕事を長年やっています。それは、子どもが必要としているものは何か、という研究でした。

子どもたちが集まる場で、子どもたちが打ち解けてくると、必ず始まるのが追いかけっこです。テーブルを挟んで、ぐるぐる回りをしながら追いかけ、逃げるのです。それが始まると、ああ、場になじんでくれた、とほっとします。

自然発生的な追いかけっこが発展すると、ちゃんとルールが存在する「おにごっこ」や「かくれんぼ」になります。このような集団ルール遊びは、子どもの社会性の発達に欠かせません。「おにごっこ」や「かくれんぼ」は、ルール社会への入り口なのです。学校のルールは、先生の先生による、学校の円滑なる業務運営のためのルールでして、結局のところ、「好き勝手をするな」とばかり言っています。

社会性の発達は、教室で勝手な行動をしないことだけではまったく足りません。自分から積極的に追いかけることもできなければいけないし、「逃げる」「隠れる」もできなければいけません。特に、現在の習い事と学校教育のシステムの中では、子どもの「逃げる」「隠れる」は厳しく抑圧されています。逃げ隠れができない子どもたちは、無理に無理を重ねることだけが、社会性になってしまいます。

子どもはまず遊びで育つものです。私が主宰する場では、プレーリーダーが入って、まず遊びます。いわゆる「学び」は、遊びで子どもたちが活性化してからの話です。

子どもたちを見ていたら、子どもたちが一緒に遊びたがるのは遊びのレパートリーが広くて、気遣いのできる年上の子であることを発見しました。だったら、それを意識的にやったらいいじゃないかと思い、子どもがなつきやすいお兄さんお姉さんに、仕事をお願いしました。お願いした内容は、さりげなく、子どもたちにいろんな技を伝えてやってくれ、いざとなったら「悪い子」をつくらずに事態を収拾するモデルを見せてやってくれ、ということでした。

そうしたら、子どもたちがハラハラするようなことをしませんし、声を張り上げていなくても、子ども集団が安定します。子どもがまず必要としているのは、教える人ではなくて、遊んでくれる人なんです。

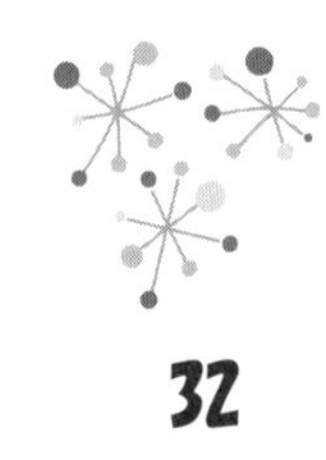

32 企業経営者の教育論を信用するな

成功した企業経営者は、教育に関しても発言が多いものです。しかし、経営者の教育論は、単純なものが多い。その典型的な例として、稲盛和夫氏を取り上げます。稲盛氏といえば、京セラという優良企業の創業者であり、また経営危機の日本航空を再建した名経営者です。その経営論は、卓見に満ちています。しかし、次のような教育論になると、机上の空論に思えます。

さまざまな社会問題が起こっているのは「『人間としてやって良いことと悪いこと』をきちんと子どものときに教え」ていないからだ。そして「自主性を尊重しよう」「教え込むのではなく、自発的にやらせましょう」という教育では人間の心は育たない。

（『稲盛和夫の哲学』より要約）

もちろん、善悪を示さないために子どもを混乱させる自由教育もあります。しかし子どもの自主性、自発性を大事にしなければ、本当の判断力も道徳も育ちません。だからこそ教育者たちが必要になっているのです。

現実に、やって良いことと悪いことが分からない子はいます。では、そういう子どもたちに大人が手をこまねいていたのかというと、たいていはそうではありません。大人は叱ったしお説教もしたけれど、効果がなかったのです。それを子どもの側から見ると、善悪しか言わない大人が敵にしか見えなかったのです。

子どもが善悪をわきまえるのは、信頼できる人間がいたから、その人に合わせたのです。善悪を教え込まれたからではありません。学校でもっとも手を焼かせる子は、親が厳しくて家庭では良い子にしている子なのです。

教育で起こっていることは複雑で、現場を知らないと分かるはずがありません。稲盛氏は経営論では「現場をよく見ろ」と言います。それは正しい。しかし、教育論となると「善悪をわきまえないのは、善悪を教えていないからだ」というような単純なことを言います。

おそらく、企業経営者という立場に長くいるとそうなるのだと思います。企業の従業員は、命令指示に従うことを前提に雇用され給料をもらっている人たちです。その社員に問題があるならば、それは経営者がきちんとした行動指針を示していないからです。子どもの教育も同じだと考えるのでしょう。

企業ではそうかもしれないけれど、子ども相手では通用しないよ、と思うのです。

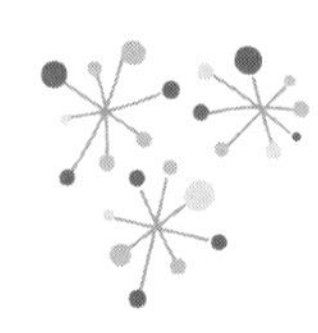

33 先回りしないで、失敗させよう

子どもに失敗をさせられない人たちがいます。たとえば、先日こんなことがありました。森の中で、親子が集まってお遊び会をやっていました。大人と子どもで、たき火を囲んでいました。一人の男の子が、たき火にくべられている長い枝を持ち上げました。先には火がついています。途端に、その子のお母さんが叱責口調で「あ、こらこら、危ないでしょ」と言います。その子がしぶしぶと枝を戻しました。

大して危ないことではありませんでした。ここでやめさせるのは「あなたは信用できない」という意味しかありません。大人の目が届いている場ですから、本当に危ないことになったら、そのときに止めればいいことです。

実は、子どもが何か失敗したときこそが、「そんなこともあるさ」と気持ちを支え、「こうするとうまくいくよ」と必要なスキルを伝授するチャンスなのです。ですが、現実には、このお母さんのように反射的に先回りして「それは危ない」が出てくる人たちが多いのです。そういう人たちは「子どもが危ないことばかりする」「子どもが言うことを聞かない」と悩んでいます。実際の失敗が起こると、「ほら、言ったでしょ」となります。

子どもの立場からすると、先回りされると、何かにトライしたとたんに、出鼻をくじかれます。「自分は信用されていない」と思います。親の言葉だけが頭に響いていて、実際の物事に注意が届きません。それで物の扱いが上達しない。

では、その親にそれをやめてもらうように言えばそれでよいかというと、そう簡単なものではありません。その親の立場にも配慮してあげないといけない。このお母さんには、「お子さんに、ご心配なことが多いのでは」と話を持ち掛けて、相談してもらえる関係を作りました。

先回りしての注意、アドバイスが多い人は、大きな不安を抱えて生きている人たちです。いつも、こういうことにならないように、あんなことにならないようにと、予防措置を取り続けています。そうするうちに、子どもが判断力を失ってしまうのです。

親だけではありません。規則だらけになっている学校や学級がたくさんあります。こんなことにならないように、あんなことにならないように、と未然防止策を取り続けているうちに、校則だらけで、子どもたちがいろんなことをやらかしてしょうがない学校ができるのです。

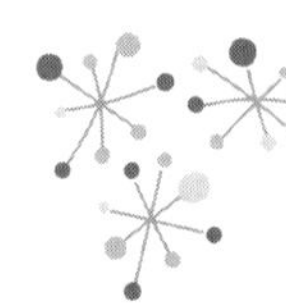

34 納得は学びの本質

学ぶことの本質は、自分で「納得」することなのだと思います。「納得」というのは良い言葉です。「納得」していると、物事が自分の中でほんとうに整理され納まっていて気持ちがいいし、使いこなせます。

私は高校のときに数学でつまずきました。積分が、どうも自分の中にうまく整理できなかったのです。「積分は微分の逆算である」という教え方では、計算はできたが、なにかしら据(す)わりが悪い。基本的な定理のいくつかが、丸覚えになってしまいました。納得がありませんでした。

でも問題を解くことを訓練されれば、それなりの点数は取れます。理系の大学に進学できました。ところが大学に入ってから、本格的に数学が分からなくなってしまいました。１９７０年前後に学園紛争が吹き荒れ、勉強どころではない時代でした。数学好きの友人たちに合わせて、分かったふりをしていたら、何が分からないのかも分からなくなってしまった。受験勉強というのは、納得がないのに分かったふりをするクセをつけます。

後年、私塾をするようになって、納得がないままパターンを覚え込んで点数をなんとかしている生徒たちによく出会いました。「どうも危ういな」と思っていると1、2年後に、本格的に成績が崩れます。私が数学で崩れていったパターンと同じです。自分の納得がないまま無理すると、しばらくしてから崩れるのです。

納得がないことの危うさを、教師たちならよく分かっていると思います。兆候はたくさん現れます。しかし、中学ならとにかく高校に進学させること、高校なら落第させないことと進学させることが優先します。まして進学塾や予備校なら、受験の点数がすべてです。そして、数年してツケを払わなければならないときには、生徒たちはもう卒業してしまっていて、教師たちは次の生徒たちの点数に気を取られています。

そして、さらに悲しいことがあります。自分の「納得」を失った若者たちは、自分で物事を吟味しなくなり、権威者や教条的イデオロギーや集団同調の圧力にたいへん弱くなってしまうのです。

「納得」を失うのは、無理して結論を覚えなければならないからです。私は、「納得」を失ってしまった子どもに出会っても、ダメ出しをしません。無理しなくていい場、分かったふりをしなくていい場を作るように、心がけています。

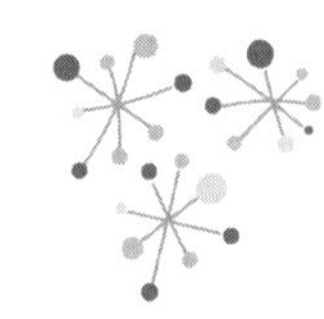

35 成績で人間を評価するのは学校だけでいい

あるお母さんにこんなことを尋ねられました。中学2年の娘は、真面目でよく勉強している。しかし、成績がだんだんと下がってきた。どうしたらいいか。

私が「きっときれいなノートを丹念に作っているんじゃないですか」と聞くと、お母さんは「そうなんです。色とりどりのマーカーでアンダーラインを引いています。机にはよく向かっているんですけどね」と答えました。よくある話なのです。女の子に多いです。成績低下は、そのお嬢さんの個人の問題というより、他の子どもたちとの比較の問題なのです。

小学生の頃、ボールを追い掛け回して友だちと遊ぶのに熱中していたような子どもは、硬い言葉や数式だらけの教科書を前にしても、その言葉や数式に実感が湧きません。ところが、中学校高学年くらいになると、教科書を読めば「あ、そういうことか」と分かるようになってきます。

そうすると、言われたことを真面目にやっていた子どもたちは、追い越されていきます。原因不明のまま、ずるずると成績が下がります。

お母さんは「努力しているのに報われないのはかわいそうです。塾に行かせるのはどうですか」と言いました。ただ頑張らせるだけの塾だったら、行かせても同じことでしょう。でも、親切で、冴えのある先生に当たれば、お嬢さんもコツをつかむかもしれません。最近の塾は個別指導が多くなっているので、可能性はあります。しかし、当たるかもしれないという、確率の問題です。

それより、とにかく、自分から興味を持ってやりたいことを応援してあげるとよいです。そうすると、深いところで「自分が生きている感覚」が育ちます。成績で人間を評価するのは学校がやることで、家庭の役割ではありません。14、15歳くらいの年齢は、自分の力で生きていけるように、滑走、離陸する時期なのです。世の中に一人でもいいから、自分が心からやりたいことを分かってくれる人がいるのは、大事なことです。理解者がいると、人間の芯のところが、打算や冷笑に汚されずに済みます。

このお嬢さんはある歌手グループが好きで、コンサートにも行くとのことでした。お母さんもその歌手グループが好きで、娘と一緒にCDを聴いているそうです。中学生でありながら、お母さんと趣味が合う関係でいられるなんて、素晴らしいことではありませんか。

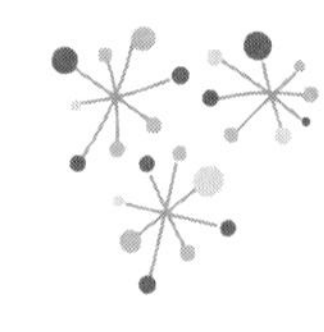

36 自分のやりたいことが道を切り拓く

知人から「中3の娘さんの成績がさっぱりで、困っている人がいる」という話があり、会ってみました。その子は、父親と一緒にやってきました。話を聞いてみると、最近の模試の5教科偏差値が28。100点満点で国語5点、数学12点です。これは、すさまじい。相当に勉強が苦手の子でも、ちゃんと漫画を読み、テレビを見ていれば、20～30点は取るものです。この点数を見ると、まずは発達障害を疑います。ところが、この子と話をしていると、声にも顔にも表情があって、発達障害がある感じはしません。特に不登校や行き渋りはないといいます。私もよく分からないけれども、おそらくこういうことではないか、と本人に尋ねてみました。

「試験を受けていて、分からないことに出くわすと、頭がぼうっとして考えられなくならない?」「うん」とその子が言います。

「そのまま、他の問題を見ても何が何やら分からないまま、時間が過ぎていく?」

「そう」と彼女が大きくうなずきます。

そういうことでしたか。よくあることですけれど、そのちょっと極端な場合のようです。お父さんが一緒だったので、私はこう言いました。

いいお子さんです。きれいな心を持っていて、何かを強要されたり、競争させられたりするとボロボロになってしまう。それよりも、自分のやりたいことを伸ばしたらいかがでしょうか。14、15歳の段階では、文字と思考でできた教科書的な世界に焦点が合わない子どもたちがざらにいます。運動感覚とか、美意識から入っていかないと、気持ちも頭も動かないのです。でも、大人になったときには問題ありません。

スキーが好きでよくやっていると、本人が言います。お父さんも、応援してくれています。

それは、いいですね。高校は、この学力で入れるところがたくさんあります。小中学校のお勉強から親切に見てくれる通信制高校がたくさんあります。学費がお高いのが問題ですが、安いところもあります。1年か2年でやめて、あとは高等学校卒業程度認定試験という道もあります。高卒認定は、難しくないです。

よくお勉強して大学を出ても、自分が何をしたいのかが分からなくなってしまうというのが、今の教育の大きな欠陥です。自分のやりたいことから進んでいくというのは立派な道です。

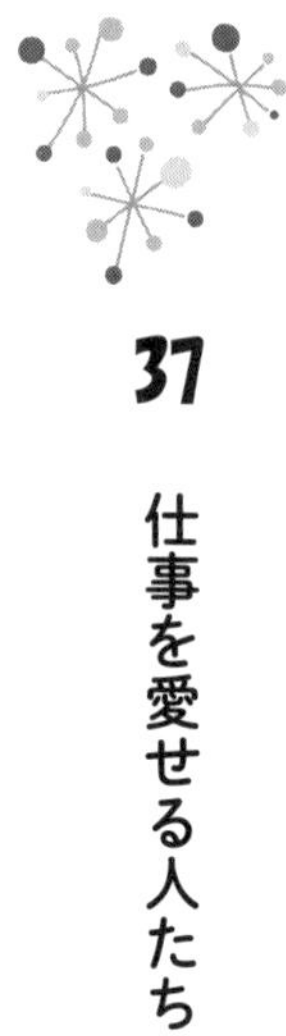

37 仕事を愛せる人たちを育てる

教育の大きな目的は、仕事を愛せる人間を育てることだと思います。

私のおいが小学校を嫌がったので、私が教育をしていました。勉強を教え込むのではなく、「やりたいことをやりなさい」のホームスクールでした。

おいは、スケートボードに熱中するようになりました。スケボーに凝る人たちは、自分で部品を買い集めて自分好みのボードを作ります。おいが何やら取り付け作業をしているのをのぞき込むと、「おじちゃんね、この部分は反発力があるんだよ。この位置を調節してね……」と解説してくれます。「あ、この子は大丈夫だ」と思いました。意欲と知性と身のこなしが連動しているのです。

おいは、中学と高校を全部パスして高卒認定を取りました。物理に関心があり、私大の物理学科に進学しました。在学中の成績はすこぶる良かったです。なにしろ、本人は面白くてやっているだけなのです。修士課程まで終えて就職し、今では機械関係の会社でエンジニアをしています。その仕事ぶりが、スケボーをやっていたときと同じです。この人間はこの仕事を愛しているのだ、と思います。

今の学校教育に大きな欠点があります。たとえ最高の成績を修めていたとしても、自分が何をしたいのか分からない人間を育ててしまうことです。学校は「やりたいことは我慢して、与えられた勉強を頑張る」ところばかりです。そういう学校教育をよしとしない子どもたちも親たちもいます。

私が知っているある青年は、小学生のときからプログラミングに熱中し、高校のときはロボットに熱中していました。母親が「それでいい」と支援していました。大学で留年を繰り返すうちに、ベンチャー企業から声がかかり、大学は中退しました。今では自分で起業しています。その青年は、仕事を愛する情熱だけで道を切り開きました。

別のある青年は、子どもと仲良くなるのが上手です。中学までの成績は低空飛行なのですが、親が勉強のことは気にしませんでした。勉強圧力のない高校に行ってから急に伸び、推薦で大学にも入りました。プレーパークで働いていて、「僕はボール一つあれば、どんな子どもとでも仲良くなれます」と言います。

勉強や仕事を与えてから、それを愛せと言うのは、暴力です。仕事を愛せる人たちを育てるのは、その人のやりたがることを支援することから始まります。

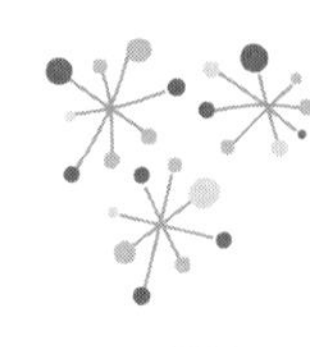

38 「ピタゴラスイッチ」は面白い

子どもたちが熱中する遊びの一つに、仕掛け作りがあります。

「ピタゴラスイッチ」という仕掛け作りの番組を、NHKが放映しています。これは見ているだけでも面白い。そこで、100円ショップで売っている物ばかりを使って、子どもたちの集まりで、仕掛け作りをやっています。実際に子どもたちがよくノリます。

積み木でドミノ倒しをやれば、子どもたちはたちまち「ここで分岐させたい」とか「これを台の上から落として、下の列につなげたい」などと、自分で考えつきます。

なぜ、子どもたちがこんなに熱中するのだろうかと、常々考えています。

子どもは、手に取って自由にいじれる物があると、「こうしたらどうだろう」「ああしたらどうだろう」と、発想が湧いてくるものです。いきなり数式や概念をいじらせ、自分の発想をさせようとしても、それは無理というものです。

自分の戦略を持って取り組めることに、子どもは熱中します。例えば、居心地の良い秘密基地を作ったり、物陰に隠れて誰かを「ワッ」と脅かしたりすることです。自分の戦略でやることは楽しいし、そのとき獲得する知識や技能は、自然とよく覚えます。

恐らく、人類の学習能力は、狩猟採集の生活をしていた時代に遺伝子に組み込まれたものだと思います。あの動物はいつどこに現れるかを見抜き、それを捕まえる仕掛けを作る。あの木の実はいつどこで採れるかを知り、その保存の方法を工夫する。そのように、自分の目的と戦略のあることなら、人間は熱中できるようになっているのです。

ところが「お勉強」の多くでは、大人が「これができれば、いろんなことに役立つだろう」と、細分化された知識や技能を習得させようとします。計算ができるとか、漢字が書ける、というようなことです。しかし、自分の目的も戦略もないままやらされることに、子どもは身が入らないのです。

ピタゴラスイッチで、ビー玉を目的の箱に落とす仕掛けに熱中している子どもは、狩猟採集民そのままなのだと思います。遺伝的に持っている学習本能を生かしてあげれば、子どもたちはすごい能力を発揮します。

39 仕掛け作りで子どもの個性が表れる

仕掛けを作るのは、男の子、女の子、年齢にかかわりなく、たいていの子が面白がります。人類数百万年の歴史で、道具を使いこなし、仕掛けを作ることは、すでに本能になっていると思われます。本能であっても動物の場合ですと、どの個体でも同じような現れ方をします。ところが、人間が仕掛け作りをすると、ものすごく個性が表れます。

「ピタゴラスイッチ」のような仕掛け作り教室をやっていました。その日は、直方体の木を積み木として使って、ドミノ倒しを中心にしていました。

Aちゃんは、手堅く積み木を並べていました。並べ方はきちんとしていて、倒し損なうことはないでしょう。テーブルから落ちて、下のドミノ列に当たるようにしているのが工夫です。さほど発想に飛躍はないのですが、知っているスキルを組み合わせて、やれることを確実にやっています。この堅実さはいい。

Bちゃんは、倒れる積み木に糸をつけて引っ張って、ちょっと離れたところにある別な動きを創り出そうとしました。「タコ糸はないか」と私に尋ねてきて、構想を説明してくれます。この子は、「別な方法はないか？」と考えるのがいいです。一直線にやらされるのを嫌い、別な方法もある中で選び取ったものにしたがります。

Ｃちゃんは、ひもにぶら下がった箱がロープウェーを伝って滑り降り、途中で箱が向きを変えてビー玉が転がり落ち、それがドミノに当たるという装置を作ろうとしました。すごい発想です。ところが、具体的な技を知らないし、工作精度が高くないので、うまくいかない。私に「こうしたいんだけど、どうしたらいい？」と相談してきました。私は、その発想に驚いて、「いいねえ」と感嘆の声を上げます。でも、それを成功させるとなると、大人のスキルをもってしても難しい。とりあえず私の思いつきを伝え、偶発的には成功しました。確実に再現性があるものは作れませんでした。これがこの子の持ち味です。大胆な発想と、臆せずにとりかかる実行力です。

私は、それぞれの子の発想を尊重すること、子どもが自分で気が付くに決まっている失敗に口出ししないこと、求められれば親切に支援することを、心掛けています。

ピタゴラスイッチ作りは、お手本を真似することと、自分の発想でクリエイティブにやることのバランスがいいです。そうしますと、それぞれの子どもの個性が表れてきます。そのどれも認めてあげられることが、私の喜びです。

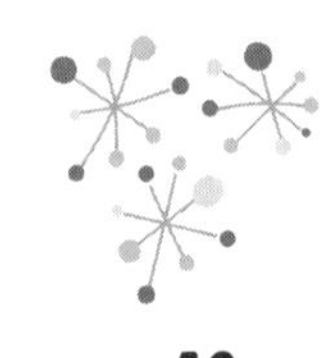

40 遊びは、遺伝子に組み込まれた学習システム

最近、勉強をしなくても成績が良い子どもたちと付き合う機会があります。彼らに共通しているのは、自分で遊びを作り出すのがうまいことです。「この性質は面白いぞ」「これを使って、こんなことができないか」と、すぐに遊びだすのです。

ある中学生と円盤状の磁石を使って実験しているうちに、その子が「これでおはじきをしてみよう」と言い出しました。「いいね」と付き合ったら、これがなかなか面白いのです。磁石同士の反発力を利用して押しのけるのは、直接ぶつけるのと感覚が違います。その子とは「つまようじでやったらどう?」「鉛筆は?」とやってみて、そのたびに面白いことが起こりました。その子の同級生で、やはり勉強もしないのに成績が良い子は、母親がボードゲーム好きで、子どもたちと一緒に毎晩のようにボードゲーム大会をやっています。

ある大学生とは、遊び道具作りの研究をしています。この大学生は「よくまあ、こんなことを考えつくものだ」と思うような道具を作ります。高校時代はロボットコンテストで世界大会に出場しているし、今は高等数学を使いこなして人工知能を自分で作っています。それらが全部、遊び感覚です。

モノをいじり回し、その性質を知って使いこなすというのは、最高の遊びなのです。それは遊びであり、なおかつ研究や実業の第一線で活躍できる力です。

遊び作りがうまい人はどういう教育を受けているかと尋ねると、やはり母親が遊びの大切さを理解していました。幼児教育の段階だけでなく、小学校以降も遊びをよく支援してもらっています。それから、教育歴のどこかで、面白がることの神髄を伝えることのできる教師に出会っています。

いいですねえ。私は、結局のところ「今は勉強しなさい」と言う教師にしか出会えなかった。

遊びというのは、遺伝に組み込まれた人間の自己教育システムだと思われます。人類が狩猟採集時代に知恵と工夫で身に付けたものが、子どもの遊びとなって現れてくるのです。そういう研究が最近出てきていて、なるほどとうなずかされます。教育は、子どもの遊びとうまく調和できないとうまくいくはずがないです。

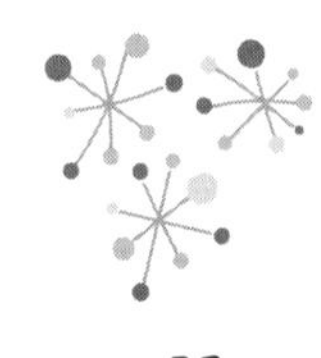

41 幼小接続は、学校のほうを変える

日本の小学校で、学校生活にうまく適応できない子どもたちがたくさん生じています。それを子どもと家庭のせいにせず、もっと教育を多様化して、違うタイプの学校も選べるようにすべきです。

私の算数塾に来ている小学1年生の男の子がいます。6月くらいになったら学校生活に疲れてきたようです。もともとは活発な子ですが、家庭でも「学校に行きたくない」とぐずるそうです。

私の塾に来たある日のことです。その子に数え教具を並べる作業をさせたら、じきに飽きてしまいました。別なことをしたいと言う。でも自分で興味を持っていじりはじめた積み木も、アニメのフィギュアも、じきに放り出す。それから私にカードゲームをしようと言い出して譲らない。そのカードゲームに付き合ってやっても、また飽きました。

わがままと責めるなかれ。こんなふうになった子は、自分を見失った状態なのです。

また、明らかに疲れもたまっています。

この子は自由遊びを大切にする幼稚園の出身です。でも私は、そういう幼稚園・保育園には変わってほしくないです。変わってほしいのは学校の方です。

自由遊び中心で育った子が学校に行くと、環境が激変します。学校では、自分の興味関心のあることに手を出すと「勝手なことをしてはいけない」と叱られるので、興味関心をじっと抑えています。そうすると叱られなくはなるけれど、学校の勉強に集中できるわけでもないし、自分のしたいことも分からなくなります。

1年生のうちに行き渋りが出る子は多いですし、不登校になるケースもあります。自由遊び中心で育つと小学校では苦労が多いかもしれない。しかし、中学高校になってから、「おや、この子はずいぶんと自分で考える力がある」という手応えを感じる子は、幼児教育でしっかりと興味関心を支えてもらっていたケースが多いのです。

幼稚園や保育園は、園児の小学校入学後を考え、集団訓練を施すことが多いのですが、それはかけがえのない子ども時代を奪うことになります。親たちが「幼稚園は選べるのに、なぜ学校は選べないのか」という声を大にしたらいいと思います。幼少期は自分の興味関心だけで動けるという貴重な時期です。集団適応はもっとゆっくりで良いし、あまり強圧的にやるべきではありません。

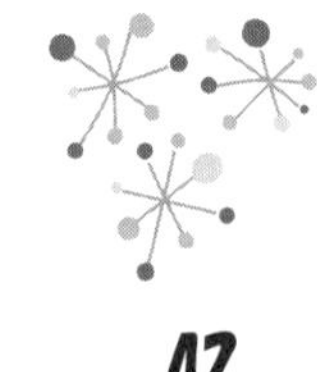

42 我慢と服従の教育が終わる時代

私たちが習った歴史では、農耕が始まったことで人類は豊かに暮らせるようになったのでした。しかし、農耕文明が抱え込んだマイナス面も大きいのです。奪い合いが激しくなり、軍隊、階級、奴隷ができてくるのは、農耕文明以降です。

教育に関して言えば、農耕文明以降、子どもの自発性や活動意欲を抑えつけることが、必要になってきます。単調で労苦の多い仕事を我慢させるためと、兵士として命令に服従させるためです。

もし人間の遺伝子が、単純労働と服従に合わせてできているなら、それでもいいでしょう。しかし、人類の遺伝子はそのようにできていません。400万年とも700万年ともいわれる人類の歴史に対して、農耕牧畜が始まったのは約1万年前です。人類の歴史の99・8%は、狩猟採集の生活なのです。人類の遺伝子は、ほぼ狩猟採集時代のままです。

狩猟採集民は、個人としての能力が高いことが知られています。狩猟採集民は多種多様な食べ物で生きています。いろんな動物や植物の性質をよく知り、自分のスキルを磨き、知恵の限りを尽くしていないと、生きていけないのです。狩猟採集民には膨大な知識とスキルが必要だったので、それらを積極的に学ぶ力を遺伝子として獲得しました。その力が、現在の子どもたちにも遊びとして現れてきます。子どもたちがやりたがる追いかけっこ、かくれんぼ、秘密基地作り、シューティングゲームなどを考えてみてください。それらで、狩猟採集の生活には必須の能力に習熟できるのです。

われわれの学校教育は、個人として充実して生きられるようにし、社会人として協力する力をつける、と謳っています。しかし、それは一面にすぎず、現実の学校は、子どもがつまらなさに耐えて命令に服従するよう訓練する場です。

時代が大きく動きつつあります。ＡＩの登場のため、今後10〜20年で、今の職種の半分が消えてなくなるだろうと言われています。現在のまるでサラリーマン養成所のような学校では、将来に対応できません。これからの時代に必要なのは、狩猟採集民の持っているような柔軟な知力、工夫する能力、協力する力です。心配いりません。それらの力は、遺伝子組み込みであって、ちゃんと子どもの遊びとして現れてきます。

教育はもっと、子どもの遊びと調和すべきです。あるいは、子どもの遊びを主軸にした教育を創出すべきです。

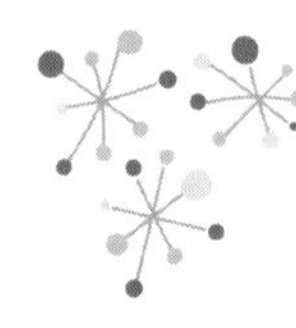

43 良寛さん、よろしく

もしも私に6歳の子どもがいて、タイムマシンを使っていいから最高の教育を選んでいいと言われたらどうするか。私なら、江戸時代、越後の国（新潟県）で草庵を結んでいる良寛さんのところに行きます。

良寛さんは子どもが好きで、いつも子どもと遊んでいたお坊さんでした。良寛さんが行く所には、子どもらが群れをなしてついてきたといいます。私は近くに移り住んで、わが子がその子どもの群れに加われるようにすることでしょう。

もしも私に資力もあるならば「良寛さん、寺子屋を開いていただけませんでしょうか。施設と資金はすべて面倒をみます。いえいえ、読み書きを教えなくてもけっこうです。子どもと遊んでいただけるだけで十分でございます」とお願いします。

良寛さんはたいへんな学のある人です。仏典に通じているのはもちろんのこと、漢詩も作るし、和歌も詠む。書家としては、これほどまでの境地に達した人は滅多にいません。しかし、わが子のために良寛さんに求めるものは、そのようなものではありません。ほんとに、おそばに置いていただくだけでいいのです。

この里に手鞠つきつつ子供らと遊ぶ春日は暮れずともよし

これは良寛さんの詠んだ和歌です。良寛さんは悟りを開いた禅僧です。何かのためでなく、やっていることそれ自体に没入したとき、時間がなくなってしまうことを知っています。それは子どもたちが住んでいる世界に通じています。子どもには現在しかありません。

現代の教育は「将来のために頑張る」ことを子どもたちに訓練します。かけがえのない子ども時代は、サラリーマンになるための予行演習のようなものに費やされます。でも本当は、子どもを頑張らせるよりも、大人たちがしょっちゅう子どもたちの世界に入り込んで、精神を再生させなければいけないのです。もしも良寛さんとお話ができるなら、こう言ってみたいです。「未来から来た者でございますが、良寛さんが教育論を書き残してくださったら、私たちがどれほど救われたことでしょうか」と。

でも、良寛さんはきっとこんなことを言うでしょう。「いやいや、論などにしますと、大事なところは伝わらないものです。私が子どもと遊んでいた、ということが伝わればそれで十分です」と。

44 子どもの学びは「計画遂行型」ではない

ある小学2年生に、引き算を教えていました。私塾でのマンツーマン授業です。

「これはネコバスです。24人乗りです」

私が作った紙には、ネコバスの絵と24の空白のマス目があります。そのマス目にキューブを置いて、「あと何人乗れますか?」とか「何人降りたのでしょうか」とかを考えます。これだけ工夫すれば、無味乾燥な算数にはならないだろう、という目論見でした。そんなアマいものではありません。その子は「ヤラされてる感」がいっぱいで、間違いが多い。私の説明も、浅くしか入らない。

これじゃあ、何をしているのか分かりません。私はバスに見立てた紙を厚紙に貼り付けて丈夫にし、ケースの上に載せて引っ張りました。「ネコバスって揺れるんですよね」。ドシンと段差を落とすと、キューブが飛び散る。「あ、残ってるお客さん5人ですか。さすがですねえ」などと言いながら、引き算で落ちた数を当ててもらいます。

その子は大喜び。それからわれわれは手近な物を集めて、こうしたらどうだ、ああしたらどうだと装置を作っては、大笑いしていました。バスが発進するたびに、算数の問題ができました。

子どもの学び方と、大人の学び方は、全然違います。子どもの学びは「状況没入型」です。想定したシチュエーションに入り込み、なりきるのです。

大人の学びは「計画遂行型」です。あらかじめ何を習得すべきかが決まっています。それを、自分で自分をコントロールして遂行していくのです。大人はそれを当たり前と思って子どもにやらせようとします。でも子どもには、自分で自分をコントロールするための脳がまだできていません。

学校は6歳から教室の中に子どもを集めて、座学の一斉授業をしています。それでは子どもの脳はつまらなくてたまりません。先生が目を光らせ、いつも叱っていないと、たちまち子どもたちがおしゃべりを始め、動き回ります。

学校は、もっともっと子どもが没入できる活動を提供すべきです。身体を動かし、手を動かし、自分の興味を追ってこそ、頭も気持ちも働きます。幼児教育は、それでうまくいっています。そこに、少し、読み書き計算を加えていけば立派な小学校教育になります。現在の、みんなで教科書を読んでいくタイプの教育は、それが適切である場合の手段にとどめるべきです。

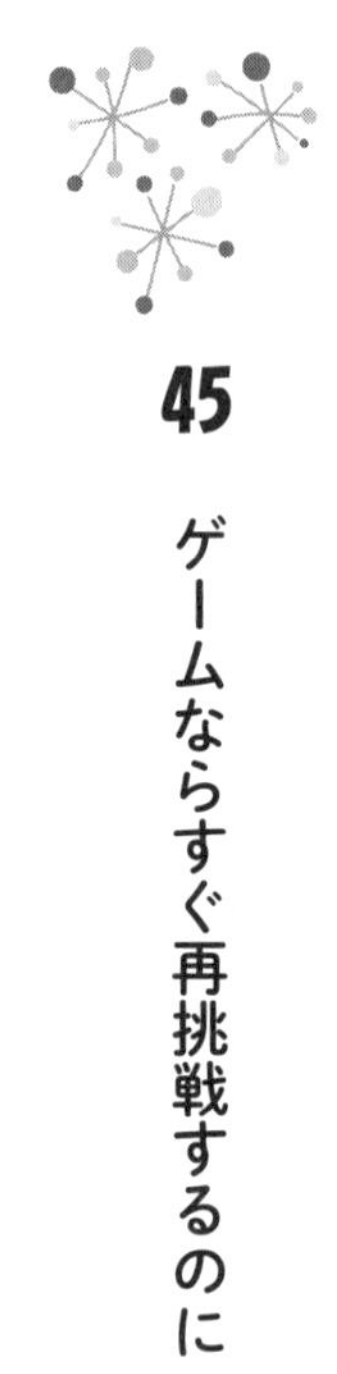

45 ゲームならすぐ再挑戦するのに

日曜日の夕方、町を散歩していると、道で縄跳びをしている子がいます。二重跳びに挑戦しています。向こうの路地には、電柱につかまって一輪車の練習をしている子がいます。よろけながらも、一こぎ二こぎ前に進んでいます。辺りの家の中にはきっと、ゲーム機のコントローラーを握り締めている子どもたちがいるでしょう。

人間には「習熟本能」というべきものがあります。何かをやってみた。うまくいった。もっとうまくなりたいと工夫する。その本能があるから、人間は現在のような文明を築くことができました。

しかし、今の学校教育は、この習熟本能と調和できていないと思います。計算がもっとうまくなりたくて、家に帰っても計算練習をする子がいるでしょうか。家に帰った途端に、授業の続きを知りたくて教科書を広げる子がいるでしょうか。

どうして、学校の勉強だと子どもは食いつかないのでしょうか。大きな理由の一つは、学校の勉強が「一括評価」になってしまっていることだと思います。具体的に何がまずくてどうしたらよいか、子どもが分からないのです。

それを具体的に説明します。テストをやって先生が採点し、生徒に返します。そこでは、何個バツが付いているかだけが問題になってしまい、それ以上深まらないのです。バツが付いたところ一つひとつに、子どもが「ああ、そういうことだったのか」と納得し、再トライできるでしょうか。ほとんどの場合、「ああ、だめだった」で終わってしまうのです。

コンピューターゲームの場合と比べてみましょう。アクションゲームで、あるコーナーで敵に倒されれば、すかさず技を練り上げて同じ敵のところに行きます。あるいは装備品を整えて、再挑戦します。つまり、何かまずいことがあればその場で結果が分かり、すぐに対応法を工夫して実行できることが、やる気を生み出すのです。縄跳びも、一輪車も、失敗するごとに工夫してチャレンジしています。

いや、そもそも学校が一人ひとりに対応するのは無理なのだ、と言われるかもしれません。しかし、人工知能（AI）の時代がすでに始まっています。特に計算能力などは、一人ひとりにタブレットを持たせ、「そこで間違える場合は、これにトライしてね」ときめ細かく対応して、子どもがゲーム感覚で習熟するようにできるはずです。

46 読解力は学習量と関係ない

多くの子どもたちが、中学の教科書程度の日本語を読み取れていない。

新井紀子著『AI VS 教科書が読めない子どもたち』（東洋経済新報社、2018年）という本がそういう衝撃的なデータを出しています。著者は数学者で、AI（人工知能）を研究しているうちに、大学生の学力低下という問題に直面しました。その原因を知るために、中高生を対象にした基礎読解力テストを開発しました。

どういうテストかというと、たとえば、「幕府は、1969年、ポルトガル人を追放し、大名には沿岸の警備を命じた」と、「1969年、ポルトガル人は追取され、幕府は大名から沿岸の警備を命じられた」の内容は、同じか異なるか答えよ、というような問題です。もちろん、答えは「異なる」です。

中学生の正答率は57%だったそうです。2択問題ですから、当てずっぽうでも50%の正答率のはずで、それとたいして変わらないのです。その他にも、中高生が「教科書程度の日本語が読めていない」という結果が目白押しでした。

調査によれば、基礎読解力と進学できる高校の偏差値は、極めて高い相関関係があることが分かりました。いわゆる「真の学力」は、基礎読解力のことのようです。そうすると知りたくなるのは、その基礎読解力は、何で決定されているかです。その調査の結果が実に面白いのです。

きっと読書と関係しているのだろう、と思うのですが、調査結果は、読書量とは関係がない。では、家庭での学習量は？　これも基礎的読解力と関係なし。家庭教師はいるか、習い事はしているか、これらもすべて関係なし。

著者は、「こうすれば読解力があがる」という因子は発見できなかったと言います。

しかし、私には思い当たることがあります。それは、興味関心なのです。自分が接した生徒で、頭がいいなという子たちは、興味関心と探求精神が旺盛です。そのため、読むとイメージが湧くのです。たとえば、歴史が好きな子だと、江戸幕府と大名のイメージは持っていますから、幕府が大名から命じられるのは変だなと思います。でも、もし、そのイメージがなければ、どっちがどっちでも同じことなのです。

これから読解力の研究が進むと、本人が興味関心を持っていて、生き生きとしたイメージが湧くかどうかが決定的なのだ、という結果が出てくるだろうと予想しています。

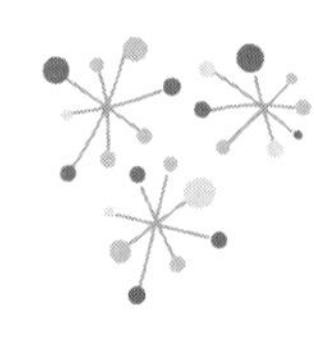

47 「つまらない」が次のステップを引き出す

コロナウイルスの感染防止のために、多くの学校が休校になりました。「学校に行かないのだから、自宅でちゃんと勉強するのですよ」という声が高まりました。

そんなことより、せっかくの休校です。大いに、それぞれの子どものやりたいことをやればよろしい。

現在の、小学校から高校に至るカリキュラムに、大きな欠陥があります。それは、「自分がいったい何をしたいのか、分からなくなってしまう」ことです。まじめに授業をこなしていい成績を取っているほどに、そうなってしまいます。今の学校教育は、「やらなければいけないこと」だけでできていますから、当然です。

家庭教育の意義は、その子その子の気持ちと興味関心に対応していることです。家庭で子どもが自分のやりたいことに打ち込む時間があることは、素晴らしいことです。

家にいると、子どもはじきに「ねえ、つまらない」とブーブー言うでしょう。そのタイミングで親が「〜したら」とか「〜があるじゃない」と言っても、「もう、やったもん」とか「そんなのつまらない」と、はねのけられます。

ああ、そうかい、そうかい、とそのままでいいのです。「つまらない」という気持ちは、次のものを引き出すために必要なエネルギーなのです。現状をとことん否定しているうちに、未知のものを受け入れる白紙ができてきます。その白紙に興味関心が映し出されます。もし子どもがあまりうるさかったら、「あっ、そう。じゃあ、これでどうだ」と脇腹をコチョコチョでもしてやればいい。子どもが身をひねったり、やり返してきたりするうちに、身体のエネルギーが満ちてきます。

子どもが「つまらない」と言っているようなら、必ず何かを見つけるものです。いつのまにやら、何かに熱中したり、どこかに出掛けていたりしているものです。

学校では、授業がいくらつまらなくても、「ねえ、つまらない」とは言えないですよね。それを言わないことにするのが学校のお約束です。家に帰っても、やれ勉強習慣だ、宿題だと迫られる。そうこうしているうちに、何が面白いのか、何がつまらないのかが、分からなくなってしまう。そして、大人になってから自分のしたいことがないことに気付きます。

つまらないものをつまらないと感じられるから、ほんとうに面白いことを見つけられるのです。

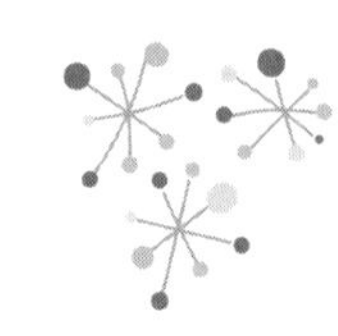

48

「それでいい」と「それはまずい」の比率

私は、私塾やフリースクールで教科を教えています。そのときに、特に気をつけていることが2つあります。そのひとつは、けなしや脅しになる言葉を使わないことです。たとえば「あ、ほら、またあ」とか「ナニやってんの」とかは、ただのけなしです。「これをやらないと、○○させてあげないよ」は脅しです。

もうひとつは、「できた」と「できなかった」の比率に注意深いことです。これが9：1から8：2くらいの比率になるように出題を調節するのです。問題をやっていて、間違えたのが10問中1～2問だと、「え、何がまずかったの」と調べる気になります。「なるほど、それがまずかったのか」と納得すると、本当にできるようになります。もちろん、できることが100％では、つまらなくなってしまいます。

一方、テストで低い点を取り続けている子どもたちがいます。こういう子どもたちに、面白い特徴があります。テストのあと「できた、できた」と言っているのです。実際の点数は低いのにです。「できた！」と言っているのは、できた問題のことだけ考えて、その喜びをかみしめているためです。かれらには、成功体験が必要です。成功体験がないと、自分の感覚を信じられるようにならないのです。

私は、自信をなくしている子どもたちには、とにかくは、１００％「それでいい」というメッセージを出します。できるに決まっていることを出題しては「そうだよ、それでいいんだ」「いいね、いいね」という言葉のシャワーです。自分でも気恥ずかしくなるくらいです。でも、それでいいのです。彼らは、衰弱状態です。リハビリが必要です。

衰弱が回復してきたら、新しいことに挑戦してもらいます。リズム感が大切です。「できたね」「あってるよ」「そうなんだ」「いいね」と繰り返しておいて、「あ、そこ、ちょっとね」というリズムなのです。

できる子に、そんなに「いいね」メッセージを出す必要はありません。彼らは、教室内でも、テストを受けたときでも、自然に「分かった」「できた」体験を積み重ねているのです。でも、いくらできる子であっても「それでいい」が半分以下になってはいけません。自分が何のために何をしているのかが、分からなくなってしまいます。

お勉強だけにかぎりません。日常生活でも、「それでいい」と「それはまずい」の比率に気を付けていると、子どもが元気ですし、対話が成り立ちやすいです。

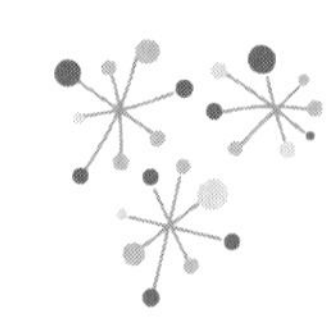

49 教える側の「一人しゃべり」にならないで

教わるときの分かりやすさについて、実感する機会がありました。

仲間同士での研究会をやっているときでした。それぞれのパソコンに、共通のソフトをダウンロードし、慣れた人が初めての人にそのソフトの扱い方を教えていました。私は教えてもらう立場でした。

まずAさんが私に教えてくれました。しばらくして、私に教えるのがBさんになりました。ふと、Bさんだと分かりやすいことに気が付きました。どうしてだろう？説明の仕方が特に違うわけではないのに……。考えてみたら、Bさんは私が何をしているかを意識していることに気が付きました。私が「あ、ここまで大丈夫」と分かったところで、次に進んでくれます。

Aさんは教え下手ということではないのですが、「これを教えて、次にあれを教えて」と自分の中のマニュアルで動いています。そのため、私が意識の中でまだもごもご咀嚼（そしゃく）しているうちに、次の一口を差し出される感じです。

私も教える仕事をしていますので、「相手の分かり具合」には気を遣います。教える方は、生徒を置いてけぼりにして「一人しゃべり」しやすいのです。

親が子に教えると親子げんかになってしまう、という経験は多くの人にあると思います。その大きな原因の一つがこの「教える側の一人しゃべり」にあります。親の方に「このことを伝えたい」という思いがあるものですから、子どもが分かろうとしている時間が待てない。どんどん次の説明を繰り出してしまう。子どもが言葉を消化しきれなくなって、分からない顔つきになります。そうすると、親は今の説明ではダメだったのだと思って、まったく違う説明をします。子どもは、さっきの説明と違うので戸惑う。頭の中が真っ白になってくる。結局、親が「一人しゃべり」をしているだけになります。最後には「ママのバカーッ」と子どもが叫んで、あとは互いに売り言葉に買い言葉のけんかです。

この「相手の分かり具合」を感じ取るのはそう難しくありません。自分が言いたいことばかり考えているのをやめて、相手の顔色と雰囲気に注意を向けることなのです。なのですが、多くの人は深いところで孤独です。頭の中での「一人しゃべり」を、そのまま相手に出すのです。長い学校教育で、先生が「一人しゃべり」ばかりしているのを聞いていますので、それが伝染したんじゃないでしょうか。

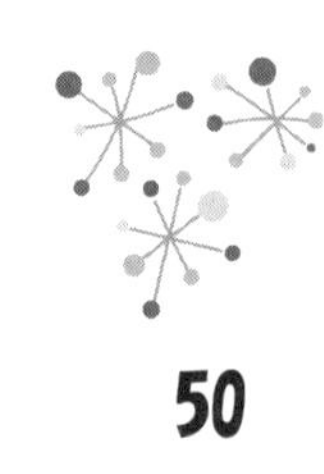

50

画家から学んだ個性の引き出し方

私は絵が好きで、素人なりに楽しんでいます。指導者にはつかないことにしていたのですが、あるときM氏という画家に出会い「この人なら」と教えを乞いました。M氏が講師をしている、あるアマチュアのグループを紹介されました。結局、M氏には、絵の描き方より、個性の引き出し方を学ぶことになりました。

そのグループで、M氏は、特に描き方を講義するようなことはなくて、自分もじっくりデッサンをしています。そのうちに、みんなの絵を見て回ります。そのとき「構図の取り方がいいですね」「ここの質感、よく出ていますよ」というふうに必ず一人ひとりのうまくいっていることを伝えていくのです。ここがまずい、というようなことは絶対に言わない。

まずいところを指摘されたならば、まずいということは分かります。しかし、どうしたらいいのかまでは分かりません。でも「ここの描き方がいい」と言われれば、どうしたらいいかが分かります。

M氏のすごいところは、おだてにならないよう注意深いことです。「あなたはうまい」ではなくて「その塗り方がいい」と言うのです。それがプロの目というものかと思いました。

M氏が「ここはまずい」ということを言うときもあります。公募展に出品する人たちがM氏に見てもらうときです。M氏は教養のある人で、写実画も抽象画も空想画も、ポイントが分かっています。そして「そういうことをなさりたいのなら、こうするといい」という言い方をします。指摘することは「ここのコントラストが強すぎます」「ここの描き方で、こちらもそろえるといいです」というように、必ず具体的で実行しやすいものでした。

よくあることですが、絵画教室の発表会を見に行くと、先生の作風にみんなそろっています。しかし、このグループの人たちの作品は、写実あり抽象ありで、まったくバラバラです。しかも、アマチュアの作品としてはそれぞれレベルが高い。それは、M氏の指導法のためだということが、次第に分かりました。

M氏は中学の教員をしながら、画家としての独立を果たした人です。それなりに苦労はあったようですが「自分が指導されるとき嫌だったことを、他人にしない」という強い精神を持っている人でした。その精神力は、画風にもよく表れていました。

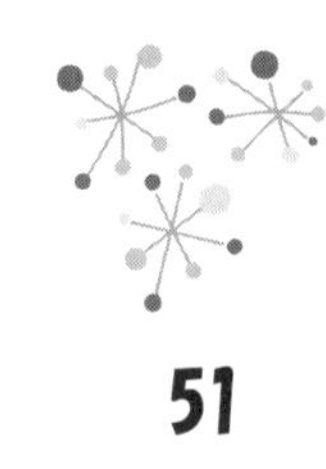

51 無意味な「勉強しなければ」を、無意味と見抜く

ある中学3年生に、英語、数学を数えています。ちょっと休憩をとっているとき、彼が言いました。「○○高校に入るには、もっと勉強しなければならないんだけど、家でちっとも勉強できない」「家って、そういうものさ。家は食って、遊んで、寝るところだよ。テレビはある、ゲームはある、家族とはなんだかんだと起こるし」「別に何か起こるわけではないけど、家族の誰かが不機嫌になっている。あと偏差値で10は上げなければ。このまま勉強できなければ、○○高校には入れない」「キミの言っていることは、論理的にはまったく正しい。だけど、そういうことが現実にどういう意味を持つんだい？ 勉強しなければ、勉強しなければ、と自分に言って、勉強できたのかい」「ぜんぜん」「多くの人がそういうところに入り込んでいる。やらなければならない、やらなければならないと思うけど、いくらそう思っても、何もできないんだ」「そうか」

こういう人たちをどれほど見てきたことか。ふつうに日本の学校に行っていると、そうなってしまう。

「さんざん自分を責めて、何度でも繰り返すんだ。自分はダメなヤツという結論にしかたどり着かない。それでも同じことを繰り返す。愚かだよね。どうして、われわれはそんな愚かなことをするんだろう？」

彼はしばらく考えました。そして言いました。「ほかに知らないから」

たしかに、学校はそれしか教えていません。中学3年生になると、教室は高校受験に染まります。ほとんどの子が「勉強しなければならない」と言います。でもそれは、頭の中で言葉が空回りしているだけです。

「考えていることだけでなく、本当に感じていることが大切なんだ。どうだい今キミの身体のほうではね、どんな感じがしている？」と、私は自分の胸から腹のあたりを手で示しました。彼はしばらく目をつぶっていました。「逃げたい」

うん、そうだろうね。それが真実さ。大人たちは、中学生をなんだかんだと言いくるめて、本人が「勉強します」と言うように仕向けています。彼は、そういう大人たちの罠(わな)にひっかかって、頭が回らなくなってしまっていました。頭を回転させたかったら、無意味な「勉強しなければ」を無意味だと見抜くことから始めればいいのです。その日それから、彼とは冴えた勉強ができました。

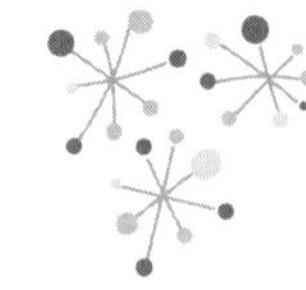

52 「早く大量に」では実感に残らない

ある中学3年生の勉強を、マンツーマンで見ていました。彼の数学はボロボロでした。とにかくイージーミスが多い。計算ミスが多いだけではなく、問題をノートに書き写すときに違う数字を書いてしまうことが多い。

この子は知人の息子で、小さいときから知っています。小学校低学年のときには「算数が好きだ」と言っていました。それが、どうしてこうなるのか、謎です。とにかく、問題を解いてもらいました。彼が問題を解くやり方を見ていたら、謎が解けてきました。彼は、とにかく早くやろうとするのです。字は乱雑にくちゃくちゃっと書きます。彼の頭の中には、いろんな条件反射が現れます。たとえば「61マイナス23」の筆算で、42という答えが出てきます。どうしてそうなるかというと、1の位に1と3が見えたとき、条件反射的に3から1を引いてしまうのです。

はは一ん、そういうことか。小学校から中学校の長い間、早く逃れたい一心で、手だけ動かしていたのです。外見からはよくやっているように見えるし、自分でも頑張っているつもりでした。でもほんとうは「心ここにあらず」なのです。

その子がある程度分かったときも、ミスが多くて答えは間違いだらけになります。

それで、心はますます逃げてしまいます。そして「僕って頭が悪い」となってしまう。

でも、彼の頭は悪くないです。彼が工作をすると素晴らしいモノを作ります。独創的なアイデアの仕掛けを作ります。

こういう子に、「繰り下がりを忘れないように」と注意すると、こんどは繰り下がりをやらなくてもいいところでやってしまうのです。

こういう子に、あれこれと教訓を与えたり、たくさん分量をやらせて乗り越えさせたりしてはいけない。印象深いことを、少量やって、自分の実感に根付かせることなのです。私は、ちょっと面白い作図問題をやらせました。そして、ユーチューブにある親切な動画を見せて、これで勉強しなさいと勧めました。数日後、彼から、定期試験の数学がよく解けました、という電話がありました。

勉強しなさい、勉強しなさい、と教師も親も言うのだけれど、勉強すれば伸びることができるところにいない子も、たくさんいます。

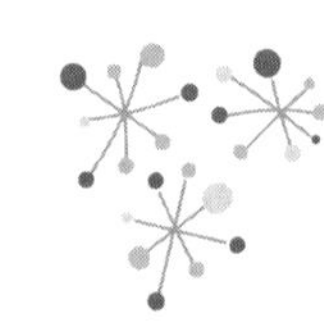

53 ウェルビーイングは教育の目標

長野県教育委員会が県立の中学高校のために「新しい学びの指標」案を作り、公開しています（2021年）。これまでの教育指標は、全体のことを考えて作られ、学校同士や生徒同士の比較ばかりしていた。これからは、すべての子どもが学ぶことの意義と喜びを感じられるようにしよう。そのための新しい指標を作ろう。まったくまともなことを言っています。その方向で、具体化していってほしいと思います。

現状はと言いますと、現在の小中高は、高度経済成長期に合わせてできた、サラリーマン養成所みたいなものです。学校は知育だ徳育だとまことに結構なことを言うけれど、現実には、サラリーマン社会に特有の、業務命令に忠実、つまらなさに耐えること、自分の点数を稼ぐために必死になること、先輩後輩の身分社会、そんなことに子どものうちから慣れさせてしまおうという下心でいっぱいです。子どもには、もっと自然な活動意欲があるというのに、ご苦労なことをしているものです。

新しい指標を読んでいて、「おやっ、ほんとうに新しいことを言っている」と思ったことがありました。それは、「ウェルビーイング（Well -being）の実現」という目標が入っていることでした。これで、教育をもっと人間味のあるものにできます。これまでの教育が「社会への人材提供」であったのに対して、幸福であることそのものを追求してよいことになるからです。

ウェルビーイングは、訳しにくい言葉です。一語で表せば「幸福」が近いでしょうか。長い言葉で表せば「一人ひとりが心身の潜在能力を発揮し、人生の意義を感じ、周囲の人との関係の中でいきいきと活動している状態のことであり、近年ＯＥＣＤやユネスコでも、教育目標として重視している」です。福祉の分野では、すでによく使われる言葉ですが、日本の教育分野でお目にかかるのは初めてでした。子どものウェルビーイングを、私なりにもう少し分かりやすく説明します。ウェルビーイングが実現している学校では、「頑張りましょう」と言う必要がありません。ウェルビーイングのない学校ではこんなです。誰かが不登校になると、他の子が口をそろえて「ずるい」と言うのです。ほんとはみんな休みたいと思っているのです。

ウェルビーイングを実現している学校は、宿題もテストもない学校です。夢物語とか、甘やかしとか言わないでください。宿題やテストに頼る教育は、二流の教育なのです。

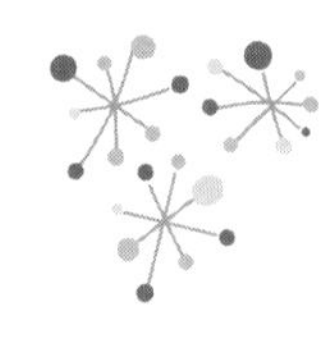

54 主権者教育は、学校自治を担うことから

地方自治は、なかなかよくできたシステムです。問題がいつも洗い出され、対応策がとられるからです。なぜ、このシステムを学校に導入しないのでしょうか。

地方自治と同様に、校長が生徒の選挙で選ばれるようになったら、いい学校ができるのではありませんか。分かる授業をしてくれ。暴言を吐く教師を取り締まってくれ。自主的な活動を支援してくれ。いじめを根絶してくれ。今の学校で、生徒はそんな思いでいっぱいのはずです。でも、生徒たちは諦めきっています。今の学校には、生徒に対して責任をとるシステムがないからです。学校の生徒は、中世の農奴みたいです。ちゃんと働け、学力を貢納（こうのう）せよ。

学校自治の方式は、校長公選だけとは限らないでしょう。諸外国では、生徒代表や保護者代表が入っている理事会が、校長の任免権を持っている例が多いです。いずれにせよ、その学校の長は、その学校の人たちに信任されてなるべきなのです。自治的な団体に、天下りで長がやってきてはいけないのです。

生徒に学校自治を担ってもらうには、ある程度の年齢は必要でしょう。でも、少なくとも高校生なら、学校自治を担う力があります。18歳はもう選挙権を持っているのです。自分たちの問題を自分たちで考え、自分たちで解決していく。その力を育てるのが、公立学校の最大の使命ではないでしょうか。それには、まず自分たちの学校生活から始めなければいけません。主権者教育は一方的な校則体制を疑うことから始めるべきです。

中学生のことを考えると、高校生より無責任な発言が多いです。しかし、この年齢にこそ、自分の立場を意見として言えることと、他人の立場を傾聴できることが、必要です。よき主権者教育を経験していない子どもたちは「バァカ」、「死ね」、「何やってんだよ」というようなことをたくさん言います。ネット社会がやってきて、このような誹謗（ひぼう）中傷しかできない人たちの存在は、社会問題になっています。

誹謗中傷しかできない人たちは、自分の本音が尊重された体験がないのです。「誹謗中傷をしてはいけない」という規則で取り締まっても、匿名でやるだけです。規則と叱責（しっせき）だけでは、解決になりません。生徒を一人前の大人として尊重する中学・高校が、必要なのです。

第3章

もっと多様でいいんじゃない？学校を考える

55 校長訓話を聞いている子はいない

自分が生徒だったころ、小学校でも中学校でも高校でも、朝礼があると必ず校長先生が何か話していました。あれはどんなことを話していたのだろう。そもそも何も印象に残ったことがありません。

ある日、10年以上前のことですが、私の私塾の中学生や高校生に尋ねてみました。

「朝礼で校長先生がお話をするのは、今もやってるの？」

やっているそうです。そこで私は尋ねました。

「その話を聞いてる？。何か覚えている話はある？」

これには、生徒たちは異口同音に

「ぜえんぜん！」

以下は、生徒たちが言ったこと。

「どうして、ああ、話が下手なのかね。校長だって、元は教師のはずだけどね」

「こないだなんか、暑かったもので、生徒が次々とぶっ倒れてたよ」

「教師たちが脇で見ていて、友だちとしゃべったりすると殴られるのね」

へえ、今でもそうなのか。あの校長たちの話は、ほんとうに下手くそだった。20分でも30分でも平気でだらだらと話していた。だらだらスピーチを聞かされる苦しみを知らない人はいないはずです。しかも、校長訓話だと、そのだらだらスピーチの中身が「人の苦しみを分かる人間になりましょう」だったりするのです。

校長訓話は、あらかじめ原稿を書いて覚えたことが見え見えでした。しかし、話し言葉としては、完全に死んでいました。

校長訓話は、やたらに、感動させようとするイヤらしさに満ちていました。その結論は、「立派になりましょう」か「頑張りましょう」に決まっていました。

私が生徒だったとき、先生たちの訓話の真実味のなさが、つらかったです。聞いているだけでつらかったです。先生たちの「あのテの話」が始まったなと思っただけで、私は耳を閉ざして聞き流すモードに入っていました。

きっと今も、日本中で校長たちが新聞から良いネタを探して話を作り、生徒たちは聞いているフリをし、教師たちは生徒が聞いているフリをしたかどうか監視しているでしょう。アンデルセンの、「裸の王様」と同じです。

56 学校、非常口なき劇場

滋賀県東近江(ひがしおうみ)市の市長さんが、フリースクールを容認する政策を批判して、「嫌がる子どもを無理してでも学校の枠に押し込んで義務教育を受けさせる」と公式の場で発言しました（2023年10月）。この市長さんは正直です。義務教育とは何か、を考える機会をつくってくれました。

この市長さんの考えは、義務教育に関する長い間の常識でありました。今でも、多くの人の思いを代弁していると思います。でも、市長さんが気付いていないことがあります。無理してでも学校の枠に押し込んだために、無理に無理を重ねて、ついには限界を超えてしまった子どもたちがいることです。かれらは、抗議の声すら上げません。ただ、倒れてしまうのです。

9月1日の自殺が、異様に突出して多いことは、2015（平成27）年に内閣府が統計のまとめ直しをして、分かりました。どうして9月1日？ 学校の夏休み明けだからです。学校を苦にして死ぬ子どもたちが多いのです。

「死ぬくらいなら、学校を休めばいいじゃないか」とたいていの人が思うでしょう。でも、それは、とても難しいことなのです。「義務教育だから嫌なことも我慢して学校に行かなければならない」と教師も親も信じていれば、「行きたくない」という声も上げずに死んでしまう子どもたちが現れるのです。

学校は、非常口のない劇場です。「学校が嫌だ」くらいのことで逃げ出さないよう、出口を厳重に見張っているのです。そのため、逃げ場を失った子どもたちがバタバタと倒れています。それが不登校です。不登校の子どもたちの多くは、コミュニケーション不能の状態にまで追い詰められています。身体症状も現れています。かれらに「どうして学校に行かないの？」と尋ねても、本人も理由が分かりません。「つらい」ということを認めてくれる大人がいないと、そうなってしまうのです。

もちろん、楽しい学校生活を送っている子どもたちはたくさんいます。学校のすべてを否定すべきではありません。しかし、一つのタイプの学校が、すべての子どもに合っているということは、あり得ません。義務教育の考え方を変えなければいけません。いろいろなタイプの教育を用意し、どんな子どもも自分に合った教育を受けられるようにするのが義務教育である、とすることです。集団一斉授業にこだわっている日本教育を、絶対視する必要はないのです。

57

ＳＤＧｓを言いつつ、自分のことしか考えない人間を育てている

持続可能な開発目標（ＳＤＧｓ）がいわれます。われわれは、お互いを収奪し、限りある資源を浪費していいます。そのような破壊的行為をやめるために、教育ができることは大きいです。「貧困をなくそう」「質の高い教育をみんなに」といったＳＤＧｓの目標を子どもたちに伝え、それについてみんなで考えるのは良いことです。

しかし、そのようなＳＤＧｓの目標を教えるだけで良いのでしょうか。教育はもっと重大な責任を負っているのではありませんか。現在の持続可能でない人類社会を作り出したのは、まさに現在の教育なのではありませんか。

私たちは子どもたちに「貧困をなくそう」と教えます。その舌の根も乾かないうちに、今の社会で収入の良い就職先と地位を得るために努力しなければいけないと言って、子どもたちの自由時間を奪い、子どもたちが興味関心を押し殺すように訓練します。すべての学びは評価点に換算され、学ぶことの目標は、成績ランキングで自分のポジションを上げることなのだと数えられます。

そのようにして大人になった子どもたちが収入の良い職につくと、自分の収入と自分の成績のことばかり考えるでしょう。「自分たちは勝者であり、敗者たちは努力が足りなかったのだ」と。そのような人間たちが、現在の巨大な経済格差を作り出したのではないでしょうか。彼らは慈善に向かうかもしれません。しかしそれは、あらかじめ壁を築き、その上から手を差し伸べるようなことなのです。

私たちは、子どもたちに「質の高い教育をみんなに」と教えたあと、就学率の低い開発途上国の話をするのです。しかし、私たちの学校がいかにつまらなくて、脅し、けなし、排除などの心理的暴力が横行している場であるかは、決して論じようとはしません。質の高い教育とは、脅しに訴えたりご褒美で釣ったりしなくても、教えることのできる教育だと、私は思います。脅しやご褒美は、自分のことしか考えない人間を育ててしまいます。

私たちは、子どもたちが「貧困をなくそう」とか「質の高い数育をみんなに」という言葉を口にするようになり、立派なリポートが書ければ、良い教育を行うことができたと満足します。しかし、子どもたちは良い成績を取るために、そう答えたのではありませんか。

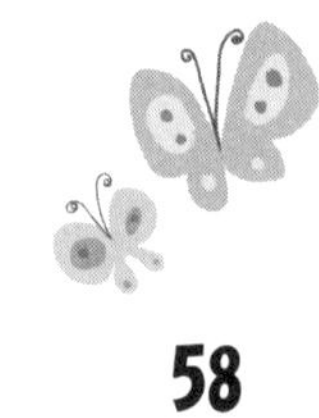

58 能力社会の「生け贄の羊」

「先生が他の子を叱っているのが怖かった」

学校に行かなくなった子どもたちから、この声をよく聞きます。「あなたが叱られたの？」と親が尋ねると、そうではないと言う。どうして？と大人は思うのですが、子どもの表情は切実です。

私の体験でも思い当たるものがあります。

大学を出て、会社員をしていました。私のいる部署の部長が、ときどき誰かをこっぴどく叱っていました。「キミね、どうしてこれが〇〇なのかね」という問責が延々と続くのです。かなり大きな声が、フロア中に聞こえています。それは、聞いているだけで耐えがたいものでした。明白な権力誇示なのです。長い問責が終わった後、叱られた人が能面のような表情で席に戻ってきます。辺りはしーんとしています。叱られた人の孤独が伝わってきます。何か声を掛けてあげたいと思います。ところが、誰も声を掛けられません。それは、部長が作りだした秩序への挑戦になってしまうからです。むしろ、「自分でなくてよかった」という思いが広がっています。

ターゲットにされている人が２人いました。若い社員と、中年の課長でした。２人とも、仕事に生気がありませんでした。実際に、ヘマをたくさんしていました。

その会社は一流企業で、優秀な人ばかり入社させているはずです。ところが、まったく無能な人間が生じてしまうのです。能力社会というのは、生け贄（にえ）の羊を必要としているのだと思いました。「ああはなりたくない」と誰もが思うような人間がいるから、皆が「ああはなりたくない」と努力します。そして、「あいつよりはマシだ」と思うことができるのです。

私は無能社員でした。生け贄の羊にされたら、たまらないと思いました。どうやら従順な人間がターゲットにされているようでした。だから私は「手に負えない奴」になることにしました。無茶な反論をしたり、奇矯（ききょう）な服装をしたりしました。誰も私に注意しなくなりました。代わりに、孤独地獄に落ちました。やがてその会社を辞めました。

その後、教育に手を染めました。無能や失敗で先生に注意されてばかりの子どもたちがいるものです。あの子たちは生け贄の羊なのだ。とてもつらい立場に追い込まれている。あの子たちを助けなければ、と教育方法の研究を重ねています。

59 テストの点数が「ナニやってるんだ」と言う

あるフリースクールでのことです。そこに何かというと「ナニやってんだぁ」「おまえ、ザコ」という言葉を浴びせる小学生がいました。スタッフの中でもっとも怖くなさそうな人を選んでのことですが、人の無能や失敗につけこみます。学校では先生に暴力的な仕打ちを受け、不登校になった子でした。

かろうじて自尊心を取り戻そうとしている子です。叱りつけたくはありません。頭ごなしをやりたくないから、フリースクールに関わっているのです。さりとて、放置すれば、こういうことを言っていいのだと容認することになります。面白がって同調する子たちもいます。

言われているスタッフが、叱るわけでもなくやられっぱなしでもなく、「そんなこと、言うなよ」と上手に対応してくれました。私もスタッフの一人であり、ときどき「その言葉、怖いよ」とサラリと伝えていました。何よりも、スタッフみんなで、子どもをからかったり、否定したりしないことを心がけていました。

1年くらいかかりましたが、その子は人間に対する感受性を取り戻しました。暴言は止まりました。一緒に遊びぬくことで、人と関わる感覚が伝わったのです。

この子だけではありません。学校の子どもたちは、お互いに「ナニやってるんだ」という言葉をよく使っています。それで対等にやり合える同士はいいのですが、弱くて言い返せない子たちが、それで萎縮（いしゅく）していきます。スクールカーストができます。

学校で「ナニやってるんだ」が蔓延（まんえん）したら、もう教育機関の名に値しません。子どもたちに安心感がないため、自分だけ優位に立とうとして、互いをけなし合うのです。先生は、それはいけないことだと諭します。でも、そもそも先生たちが「ナニやってるんだ」と言って教室運営をしています。テストの点数と評定点が「ナニやってるんだ」と言っています。

義務教育は、テストで測れるような能力を中心にせずに、もっと探索することや制作することを中心とすべきだと思います。対等に話し合えることと、協力し合えることが、われわれの社会の基盤を作るのに、どうしても必要です。

大人になって、家庭や職場で「ナニやってるんだ」と言う人間に困らされていませんか。その淵源は、われわれの学校が、点数稼ぎをして生き延びることを教え込んでいることではないでしょうか。

60 褒めと叱りで育てると、子どもが荒れる

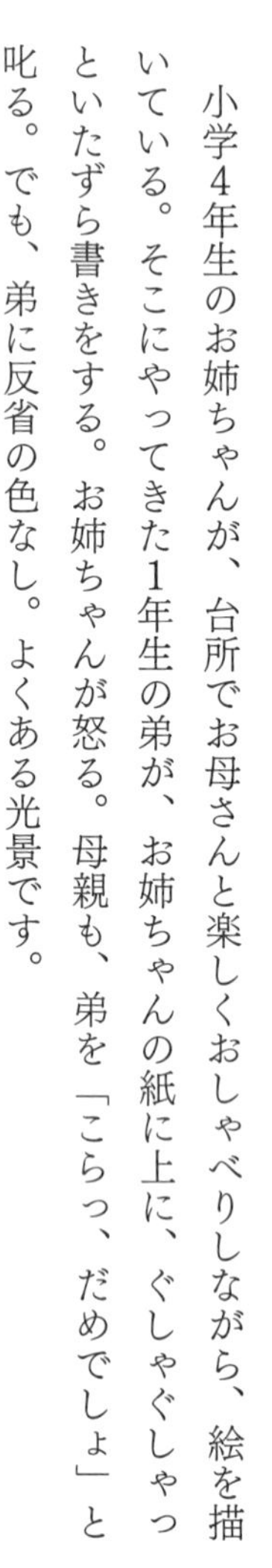

小学4年生のお姉ちゃんが、台所でお母さんと楽しくおしゃべりしながら、絵を描いている。そこにやってきた1年生の弟が、お姉ちゃんの紙に上に、ぐしゃぐしゃっといたずら書きをする。お姉ちゃんが怒る。母親も、弟を「こらっ、だめでしょ」と叱る。でも、弟に反省の色なし。よくある光景です。

子どもが親の意識を自分に向けさせる戦略が、2つあります。ひとつは、「良い子」になって、親に認めてもらうことです。もうひとつは、「悪い子」になって、親の注意を向けさせることです。

きょうだいが2人いて、どちらかが「良い子」戦略を採用すると、もうひとりは悪い子」戦略を採用するものです。

子どもは、親に注意を向けてもらうことを、切実に必要としています。忘れられた存在になるよりは、叱られたり、心配されたりするほうがいいのです。

「良い子」と「悪い子」は、お互いに、相手のことをずるいと感じています。良い子からすると、悪い子が人の迷惑に平気なのは我慢がなりません。悪い子からすると、良い子が親に取り入っている様子は我慢がなりません。我慢がならないきょうだい同士は、けんかやいじめが、絶えません。親が子どもを、褒めと叱りで育てようとしていると、子どもも「良い子」と「悪い子」にはっきり分かれやすいのです。

子どもたちが自分に注意を向けてもらうための戦略は、学校でも同じです。先生は、30人も40人も子どもがいる中で授業を遂行し、学級秩序を維持しなければなりません。先生は、どうしても子どもにお説教し、褒めたり叱ったりすることに依存します。そうすると、子どもたちは「良い子」と「悪い子」に、分かれていくのです。「良い子」と「悪い子」は、お互いに我慢がなりません。先生の目を盗んで、いじめが横行します。

すると学校の外の人たちは、「道徳教育」がしっかりしていないからだと学校を叱ります。学校はいっそう子どもにお説教し、子どもを褒めたり叱ったりします。それで、学校は「悪い子」駆除の果てしないモグラ叩きになります。

学校が荒れる原因は、規範意識がないからだと思っている人たちが多い。それは表面的な見方です。学校が荒れるのは、子どもたちが「自分は人間として認められている」という実感を持てないためです。

61 服装の乱れは心の叫び

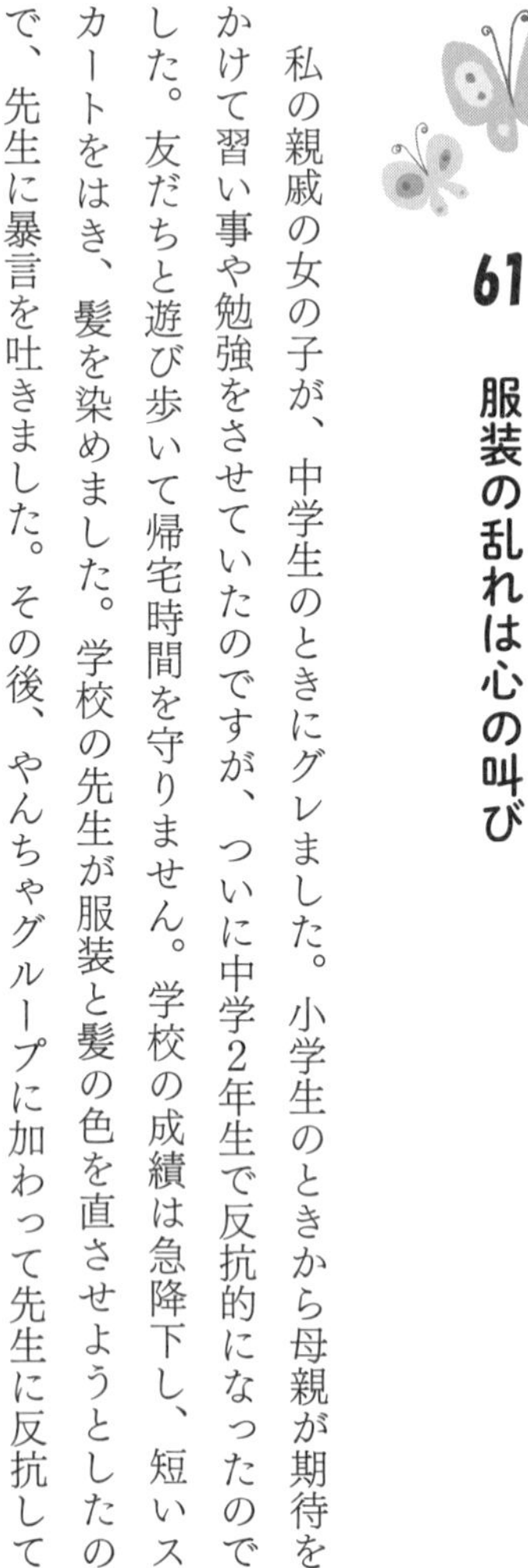

私の親戚の女の子が、中学生のときにグレました。小学生のときから母親が期待をかけて習い事や勉強をさせていたのですが、ついに中学2年生で反抗的になったのでした。友だちと遊び歩いて帰宅時間を守りません。学校の成績は急降下し、短いスカートをはき、髪を染めました。学校の先生が服装と髪の色を直させようとしたので、先生に暴言を吐きました。その後、やんちゃグループに加わって先生に反抗していました。

中学や高校では、服装と髪の色が原因となって多くのトラブルが起きています。先生たちは「服装の乱れは心の乱れと捉えて、今のうちに正す」ようにします。でも、本当は「服装の乱れは心の叫び」なのです。

服装や髪を決められた通りにしなくなるのは、子どもが「もう、自分は期待に応えきれない」と感じているときです。かれらは言葉での表現がうまくありません。言葉で大人とやり合った結果、なんだかんだと説得されたり、丸め込まれたりすることを散々体験しています。かれらは「私はあなたの期待通りの人間ではありません」ということを、スカートを短くしたり髪を染めたりすることでしか、表現できないのです。しかし、期待されない存在になるのはつらいものです。注目してほしい、認めてほしいという気持ちもムクムクと頭をもたげます。都合の良いことに、乱れた服装は「自分のことは諦めてくれ」と「自分に注目してくれ」という両方のことを伝えられます。

先生が服装や髪の色を注意するのは、ある意味で、その子の複雑なメッセージを受け止めているともいえます。なぜなら、先生が注意するときは「おまえは期待外れだ」と認めているけれど、「おまえのことを忘れてはいない」とも言っているのですから。

しかし、注意しても大抵はうまくいきません。その子がそこまで追い詰められた事情をそのままにして、「受験のこともあるから」「心を入れ替えて」「頑張れ」などと諭したところで、その子を一層苦しくするだけだからです。

ある子がグレるかどうかは、個性もありますし、家庭環境もあります。決して単純な理由ではありません。そして、成績とお行儀しか見ていない中学校という環境も、大きな要因のひとつです。心の叫びを受け止めてあげればいいのです。

62 読書感想文をやめよう

夏休みといえば、読書感想文です。読書感想文を書かなければならない苦しみから、子どもたちを解放することはできないのでしょうか。

私の体験ですが、本を読むこと自体は面白いのです。ところが、作文用紙に向かうところから苦しみが始まります。「面白かったです」と書くと、それ以上なんの言葉も湧いてきません。作文用紙の右端がちょっと黒くなったけれど、左側には広大な白いマス目が残っている。太平洋の埋め立て工事をやれと言われて海辺に立ち尽くしているような気分になります。

どうして読書感想文を書くことは苦痛なのでしょうか。考えてみれば、読書感想文コンクールは奇妙なコンクールです。賞を目指して努力している人がいるのでしょうか。音楽コンクールならば、合唱やブラスバンドなどのクラブがあって賞を目指しています。スポーツ大会であれば、強くなりたい、うまくなりたい人たちが、勝利を目指して日頃の練習に励んでいます。ところが、読書感想文コンクールで「いい感想文を書けるようになりたい」と日頃から励んでいる人がいるでしょうか。夏休みに宿題として出され、その中から良いものが選ばれるだけです。

いやいや、強制参加のコンクールが他にもあるではないか、と言われるかもしれません。例えば、冬休み明けの書道コンクールがあります。しかし、書き初めの宿題なら、手を動かしていれば終わります。書くことがなくて苦しむということはありません。他にも、先生が課題を出して描かせたものが出品される絵画コンクールもありますが、子どもが絵を描くのは自然です。子どもたちは、遊びで勝手に絵を描くものです。

それに比べて、子どもに読書感想文を書かせることは不自然です。読書感想文を書くには、自我が確立していなければなりません。ところが、子どもは、主人公や著者の視点に容易に一体化するものです。「私は……と思う」とは語りにくいのです。

読書感想文を夏休みの宿題にする本当の目的は、本を読ませたいということでしょう。本を読ませることが目的なのに、読書感想文の強制と組み合わせたことが悲劇的だったと思います。本を読ませたいのだったら、あらすじを書かせたほうがいい。感想文は、書きたい人だけが書けばいいと思うのです。

63 夏休みは、学校から解放されるとき

夏休みの宿題はなくすべきです。せめて夏休みくらい、課題をこなすことに追われ、何をしても評価の目が光っている生活から解放されるべきです。

小学生を集めて私塾をしていたときの体験です。算数が中心の塾だったのですが、「子どもは遊びで育つもの」という教育思想なので、子どもが算数を嫌がれば、一緒になって遊んでいました。

そのうち、長期休み明けには、子どもが勉強を嫌がらないことに気付きました。だから、どうしても教えたいことは、休み明けの4月、9月、1月に持ってきました。その時期だと子どもとかみ合った授業ができるのです。最悪なのは、6月と11月でした。初めからざわざわしていて、話が通りません。休み直前の7月や12月になると、「もう少しで休みだ」と元気になるのですが、その前のあたりは、どうも集中しない。

長期休みによって、子どもたちはリフレッシュできて、勉強に集中できるようになる、という法則を見つけたと思いました。そのことを、ある学校の先生と話しました。そうしたら、そんなことはないと言う。夏休み明けは、休み気分が抜けなくて、子どもたちが騒いでしょうがないと言う。「ハァ？」と思いました。いったいどういうことなのだろうか。

おそらくこういうことだと思います。子どもの自発性を中心にするタイプの教育では、長期休みによって子どもたちは自分を取り戻して、よく学べるようになる。一方、頑張らせるタイプの教育では、長期休みによって子どもたちのネジが緩んでしまって、授業に差し支える。そう考えれば、学校が、夏休み中も宿題を出して「頑張る気持ち」を持続させようとすることが、それなりに納得できます。

ああ、でも、それは、会社員は休暇中も仕事のことを忘れてはいけない、というのと同じことではありませんか。給料をもらっている社員でさえ、休暇中は仕事のことを忘れたほうがいいのです。それなのに、学校は生徒に給料も払っていないのに、休暇中も学校のことを忘れるなと言うのです。生徒が休む味を覚えたら授業に差し支える教育なんて、悲しい教育です。

きょう回ってきた町内回覧板を見たら、地元の中学校のお便りが挟んであって、「夏休みは、この期間でしかできないことを行いましょう」とありました。学校から解放されることが、まさに、この期間でしかできないことではありませんか。

64 何時間勉強するかではない

子どもが家庭で何時間勉強するかが、子どもの学力に決定的に重要だということが信じられています。学校のテストの点が悪いと、教師や親は「学校の勉強だけでは足りない。家でも勉強しろ」と言います。それは当たり前のことと思われているけれど、よく考えたら、学校がいかに効率の悪い教え方をしているかを示しているのではありませんか。

そもそも、子どもは遊んでいるものです。なんらかのプレッシャーを掛けなければ、あるいは良い教具と良い先生をそろえなければ、勉強などしないです。だから、学校という場を作り、先生がいて、勉強させているわけです。学校の外でも学校と同じ勉強をしろと言っても、勉強の条件は整っていません。子どもに余計負担をかけます。学校教育が家庭教育より大事だということはありません。家庭教育には、大事な仕事があります。それは、子どもがくつろげる環境をつくり、子どもの自発的活動を引き出すという仕事です。学校教育がどんなにうまくいったとしても、現在の学校教育だけでは、自分がいったい何をしたいのか分からない人間を育ててしまうのです。

私の見てきたところ、勉強時間と学力は関係ありません。学校の勉強が分からない子のほとんどは、たしかに家庭学習をしていないです。でもそれは、家庭学習をしないから分からないのではなく、学校の勉強が分からないから家庭学習をしないのです。誰だって、チンプンカンプンの講演を聴かされたあと、あとで理解しようとする気になどなれないです。

一方、自分自身の探求と洞察で動いている子は、いわゆる勉強を必要としません。何かを見たらその場で食らいついて理解する、そうすると記憶にも自然に残るのです。そういう子たちは、成績は勉強時間で決まると信じている大人たちを困らせています。

学校の本来の仕事は、家庭での勉強時間を増やすことではなく、子どもの興味関心と考える力を引き出すことにあるはずです。勉強時間が短くて済む教育のほうが、良い教育なのです。大事なのは、勉強時間ではなくて、子どもの眼の輝きです。

私は、良い学校というのは、家庭にまで勉強を持ち込まずに済む学校だと思います。

65 「面白い、つまらない」を無視しない

子どもが学ぶというのは、結局のところ、子どもが食らい付くか、食らい付かないかなのです。いくら高邁(こうまい)な哲学を掲げても、いくら教材をそろえても、子どもが食らい付かなければ、すべて空振りです。その子どもは、どういうことで動いているかというと、面白いか、つまらないかによってです。

ところが、日本の学校教育は「させる、させる、させる」です。子どもにとって面白いかつまらないかが眼中にない。それじゃあ、うまくいくはずがないです。子どもにどうやってやらせるかの、アメとムチばかりが発達します。教師権力の蜜の味を知ってしまった教師が、ゴロゴロいます。子どもは、聞いているフリ、分かったフリをすることばかりうまくなります。

「面白い、つまらない」を無視した教育は「おいしい、まずい」を無視した料理と同じではないでしょうか。レストランが「まずいものでも客に食べさせるには、どうしたらよいか」と考えますか？　そんなレストランは、つぶれるに決まっています。

家庭で料理を作る人が「まずいものでも食べるように家族を訓練しなければ」と努力しますか？ みじめな家庭になります。

ところが、学校教育は「つまらないことでも、与えられた課題はやるようにする」ことに全力をあげています。よそ見をしてはいけません、宿題をやりなさい、勉強してから遊びなさい、内申点に響きますよ、家庭でも勉強の習慣をつけなさい。そんなことを言わなければならないのは、子どもが食らい付いてくれないからです。

さらにその原因を言うと、検定教科書と集団一斉授業に固執しているためです。その地域の一定の年齢というだけで集めた子どもたちを、静かに座って先生の言うことを聞くようにさせるですって？ 叱責とお説教を使わなければ、成り立つはずがないです。

もちろん学校で問題なく学んでいる子どもたちもいますし、まともな先生もいます。しかし、多くの子どもが、勉強がさっぱり分からないまま、自己肯定感を失ったまま、いじけたまま義務教育を終えます。レストランだったら、とっくにつぶれているはずです。学校は就学義務の上にあぐらをかいています。学びに「面白い、つまらない」を取り戻しましょう。

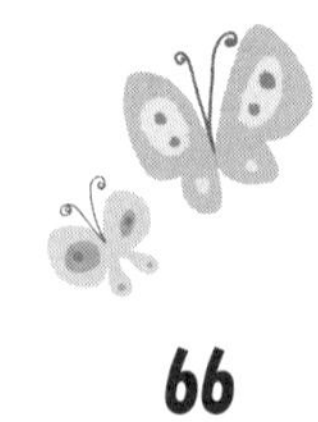

66 生徒の態度の問題にすり替えるな

私塾で授業をして、終わってから、中学生たちに
「きょうの授業はどうでしたか」

と感想を求めました。返ってきたのは、

「遊んでしまった」

「頑張れた」

などの言葉でした。これに私がびっくりしました。いえ、いえ、そうじゃないんです。みなさんの態度のことではなくて、私の授業がどうだったかを聞きたかったのです。素直につまらないとか、面白いとか、教えてほしかったのです。

以前、ある中学で見せてもらった授業では、最後に授業評価を生徒に書かせていました。その内容は「授業にまじめに取り組めましたか」と生徒に尋ねるものでした。

授業評価を、生徒の授業態度の問題にすり替えてはいけません。

企業であれ公的機関であれ、そこが提供するサービスの質を評価できるのは、利用者以外にあり得ません。車の価値を決めるのはその車に乗った人です。本の価値を決めるのはその本を読んだ人です。市長が良い仕事をしたかどうか決めるのは住民です。映画館が観客に「居眠りしてしまった」「頑張って見ることができなかった」などと反省させたりしますか？ でも、学校はそれをやっているのです。

もちろん、教育では場合によって、頑張りを要求することはあるでしょう。飛行機のパイロット養成講習で、「居眠りしないでください」と言うのは当然です。工場の機械の操作法修得は、まじめに取り組んでいただきたい。

しかし、そのような頑張りを要求する講習は、必ず技能講習です。そして受講者は自分の意思で参加しています。むりやり参加させたら、技能の質を保証できません。

小中学校の普通教育は、そのような技能講習とは、まったく性格が違います。楽しく、遊び感覚で取り組んでいるときが、もっともよく学べるのです。それぞれの子どもの自発性と共感能力を引き出すことが目的なのです。一方通行の授業ではなく、対話能力を身に付けさせてほしいのです。

「あそこが面白かった」「この説明が分からなかった」「先生が怖くて聞いたフリをしていた」などと素直に言えなかったら、学校は良くなりません。

67

「さくらんぼ計算」のつまずきを子どものせいにしない

小学1年生の算数で、繰り上がりを教えるときに「さくらんぼ計算」を使います。例えば「8＋6」をするときに、まず8と2で10を作ることを想定します。そのため6を2と4にわけます。そのとき2つの○の中に2と4を書きます。この2つの○が、さくらんぼがぶら下がっているように見えるので「さくらんぼ計算」と呼ばれます。

分かる子はすっと分かるのですが、分からない子は、いくら説明をしても分からないのです。お母さん方の間では「うちの子、さくらんぼ計算でつまずいたのよ」「あら、うちもよ」と悪名高いです。

大人は「どうしてこんなことが分からないのか」と不思議です。でも「さくらんぼ計算」でつまずく理由は根深いです。教科書そのものに原因があります。

その事情はこういうことです。子どもたちは数を覚えるとき、まずは「いち、にい、さん、しい……」と100まで数唱えをします。一方、学校で教える算数は10進法に基づいています。10ずつのかたまりを作り、できたかたまりはかたまりとして何個あるかで済ませます。ところが、つまずく子どもたちは数唱えをしないと数を実感できないのです。せっかく10のかたまりを作っても、それを一つずつ全部数えようとしますので、10のかたまりを作る意味がないのです。

もちろん、教科書は数唱えから10進法への転換ができるように手を尽くしています。数え棒や数えブロックなどの教具を絵で示して、丹念な説明をしています。でも、数え教具を絵で見せて済ませるのは、跳び箱を跳ばせるのに、跳び箱の絵を見せて済ませているようなものです。意味も分からないまま数え教具の絵を眺めている子どもたちがいます。そういう子たちは決して頭が悪いのではない。納得が得られる経路が違うのです。算数は数量を扱う実技です。教科書で済ませてはいけない。できるだけ教具に置き換えて、子どもに実感してもらうべきです。

問題は、「文科省・教科書会社複合体」が教科書の中でだけ、教育問題を解決しようとすることです。教科書会社は検定官のＯＫを取ることが絶対です。検定官は理想に燃える人たちです。教科書会社と組んで理想を実現しようとしています。

でも、かれらはしょせんは子どもを相手に悪戦苦闘したことのない頭でっかちです。子どもと親の悲鳴は届いていません。教科書検定制度を廃止すべきです。

68 算数記号障害というものがある

近年、ディスレクシア（読み書き障害）のことが知られるようになりました。ディスレクシアを持っている人に出会ったことがあります。その人は大人になってからディスレクシアというものがあると知って、「あ、自分もそうだ」と気が付いたのだそうです。その人は、ひらがなを書くのは難しいと言っていました。それ自体に意味のない、ただの形だからです。たとえば「し」を書こうとして、上から棒を降ろしてきて、さて右に曲がるのだったっけ、左に曲がるのだったっけ、何度やっても分からないそうです。

そんなことを聞くうちに、算数記号障害というのがあるなあ、ということに思い至りました。私の生徒たちの中に、驚くほど簡単なことを習得できない人たちがいるのです。知能一般は低くないし、日常のお金の計算もできます。でも算数記号の扱い方が覚えられないのです。

たとえば、分数で3分の2と書くときは、3が上だったのか、下だったのか「ええと、ええと」になります。割り算の筆算で、どちらを屋根の下に入れるのだったっけ。方程式3x＝2の答えは、3分の2なのか、2分の3なのか。そのようなことなのです。

われわれは、「そんなもの、ただ覚えればいいだけじゃないか」と思います。ところが、算数記号障害の人にとっては、それ自体に意味のないものをただ覚えるということが、至難のことなのです。

いろんな計算規則を混同することもよく起こります。筆算をやると、桁によって足し算と引き算が混ざったりします。

脳科学者は、人間の脳のすごさは一つのことをたくさんのものに関連づけることができることだと言います。ところが算数では、一つの記号を一つの意味に確定させることが必要です。私の出会った算教記号障害の子どもたちは、遊びではむしろクリエイティブでいろんなことを思い付きます。豊かに意味を捉えられるがゆえに、意味を一つに絞ることが難しいのではないか、と推測しています。

算数記号障害は、今のところ私が立てている仮説です。

調べてもらうと、きっと、ディスレクシアに相当する算数での障害が発見されると思います。学校のどのクラスにも、算数で異常に物覚えが悪い子がいるものです。取り組んでくれる教育学や心理学の研究者が現れてくれないか、と願っています。

69 ドリルでは「文字・記号になじめない」を解決できない

子どもたちが学びでつまずく大きな原因の一つが、文字や記号になじめなくて、その意味に入り込めないことです。要するに、われわれが本を読んでいて、数式が出てくると、「ア、だめ」と、瞬間的にスルーしてしまうやつ、あれです。

ある10代後半の不登校経験者に、マンツーマンで方程式の其礎を教えていたときです。

「5x－5」を考えあぐねた彼は、「x」とだけ書いて、にっちもさっちもいかなくなりました。なるほど、「5x」から「5」をとれば「x」になります。

私は決して教えもしないことをやらせているのではありません。「x」というのは、数を入れる箱のことなんだよ、と図で説明し、どう扱うかを何回も実演しています。

彼はいわゆる「頭の悪い子」ではありません。物を扱うと、とても賢いのです。自分でバイクをバラしたり組み立てたりし、自分でソーラーパネルとその回路を作ったりしています。

彼が話してくれたことによると、こういうことらしいです。彼は、小学校3年生のときに、親に「塾に行かせてくれ」と頼んで、算数塾に行きました。ところがその塾で、ものすごい分量のドリルをやらされ、宿題もたくさん出された。その宿題を親に手伝ってもらったら、それが塾の先生にバレてしまい、ひどく叱られたそうです。それで、数式を見ると思考麻痺になるのが定着したようです。

彼は、手を使って具体物をいじりながら考えるのは得意です。でも、記号に置き換えられると、さっぱりイメージが湧かなくなる。そういう子は、小学校に、たくさんいます。それに対しては、計算ドリルをたくさんやらせるというのが、今の普通の教え方です。

しかし、この大量ドリル方式は、実はバクチみたいなところがあります。それで算数ができるようになる子もいますが、逆に決定的に数式不感症に追い込んでしまうこともあります。優しい子で、「分かりません」と言えない子が、無理に無理を重ねるために、そうなりやすい。私は「x」というラベルを貼ったマッチ箱をいくつか用意し、そのなかにキューブを何個か入れて数を当てるゲーム形式の出題を試みました。それでも私が出題しているうちはうまくいかない。そこで彼にそのマッチ箱を使って問題を作ってもらったら、理解してもらえました。

70　ニンジンとムチでは結果が出ない

大阪市長が２０１８年8月、全国学力テスト（全国学力・学習状況調査）を利用して市立学校の成績に数値目標を設け、結果を人事評価に反映させることを検討すると発言して、波紋がひろがりました。結果はどうかというと、２０２３年、大阪市立中学校は20政令市中19位です。小学校は13位で若干上がったので、まったく効果がなかったとは言えませんが、競争をあおり、学校の雰囲気を悪くしてまで得るべき結果であったかどうかは疑問です。

学力は、ニンジンをぶら下げたり、ムチで叩いたりして頑張らせたところで、向上するようなものではないからです。学力にはものすごく多くの要因があります。例えば、その地域に富裕層が多いか、貧困層が多いかが反映することは統計的に知られています。教室内でも、先生が急に意気込んでビシバシ教え込んだからといって、生徒は付いてきません。

生徒の学力も先生の教える力も、じっくり育てることしかできません。性急に結果を出させようとすると、かえって弊害が出ます。

それでも、学校に目標を立てさせ、給与や人事で信賞必罰を徹底させれば学力が伸びると信じる人たちがあとを絶ちません。こういう人たちは、成功した政治家や企業人に多いです。

政治家や企業人はみんなということでは決してないのですが、権力を持ち、人事権を持っている立場で、ご褒美を出したり、罰したりすることに慣れてしまっています。そういう人たちが「怠け者退治の方法を教えて進ぜよう」と教育に文句をつけるのです。しかし、企業でさえ、部下に目標を立てさせ、賞罰で頑張らせるだけのところは、たいした結果が出ないのです。

私塾でいろんな生徒を相手にしてきました。生徒の能力を伸ばしたいなら、不出来であることを罰してはダメです。いかに本人を理解し、的確な支援をするかなのです。悪い点数を取ったときが、支援のしどころです。「悪い点を取った者は発奮する」とよく言われますが、そんなものはただの神話です。人間は単純なものでして、結果が良いともっとやる気になるし、結果が悪いと意欲が萎（な）えます。悪い点数を取った生徒のやる気を持ちこたえさせるのは、とてつもない仕事なのです。

71 馬耳東風タイプの悲劇

小学生年齢の子どもを10人ほど集めて、工作教室をやっていたときでした。ある7歳の子が、何をする場なのかのみ込めず、隣の子が作業しているものに手を出していじります。いじられた子が嫌がるし、親も心配して止めようとする。しかしその子は馬耳東風です。他人の言葉はまったく入りません。

その子の様子を見て、「あっ、そういうことなのか」と感じることがありました。これは反抗している子やわがままをしている子とは違う、という感触です。反抗やわがままだと、自分の主張があり、相手に通じさせようとします。ところがこの子は、ただ馬耳東風なのです。この子の身体はそこにいるけれど、精神は人との関係の中にいません。私は精神医学の専門家ではないのですが、おそらく「多動」と呼ばれている現象はこれなのだと思います。

とても緊張する場でどういう行動をとるかで、子どもに2つのタイプがあります。カタツムリのようにカラにこもるタイプと、フワフワと自分の関心だけを追うようになるタイプです。そのどちらであるかは、生まれつきだと思われます。

このフワフワ動きだすタイプの子どもたちに、悲劇が起こっています。本当は敏感な体質で、ヒューズが飛んでしまったような状態なのです。しかし大人たちは、それはわがままが原因であり、訓練によって矯正しなければいけないと解釈します。実際問題として、動く子は学校の集団授業の中では困った存在になりますし、強く叱ればそれなりにおとなしくなります。そのためその子は、たくさん叱られ強い訓練を施されるのです。それで、いっそう感受性が閉ざされ、周りのことが読めなくなり、学びの機会を奪われていくのです。

現在、こういう子どもたちに問題があるとされ、子どものほうをなんとかしようとしています。しかし、私はむしろ学校の教育方法が型にはまっているために、学校が子どもに対応しきれていない現象だと思っています。このタイプの子どもが困った子になるのは、座学の集団授業をしているときです。世界にはいろいろな教育方法があり、教科書と黒板の座学にこだわる必要はないのです。

落ち着いた環境を用意し、親切に応対してやれば、どうということはない子どもたちです。

72 忘れ物、宿題にこだわらない

小学3年生の不登校のお子さんを持ったお母さんが、学校の教室に付き添い登校していました。隣のクラスから、しょっちゅう先生が子どもを叱る大声が聞こえてきたそうです。その先生は、特に宿題をやってこないことと、忘れ物をすることに厳しかった。そのクラスからは4、5人も不登校の子どもが生じていました。

子どもは忘れ物をするものです。宿題はやりたくないものです。そういう子どもの自然と闘っても、いいことはないのではありませんか。

私自身が70歳を過ぎました。忘れ物をする子の気持ちがよく分かるようになりました。会議に出掛けるのに、あの資料を持ったか、携帯に相手の番号を登録したか、と心を煩わせた挙げ句、老眼鏡を忘れて書類を読めないのです。

忘れ物の多い小学生は、かわいそうに。私と同じように、はっと気が付くと忘れ物をしているのです。まだ脳が完成していない子どもと、もう脳が耐用年数に達した老人は、同じように忘れっぽいのです。それを叱ってくださるな。

私は宿題に疑問を持っています。宿題は子どもをただの学校人間にしてしまいます。会社が残業を強制すべきではないように、学校も宿題を強制すべきではないと思います。漢字が書けるようになるには練習が必要だと先生はおっしゃる。だったら、学校でやりましょう。家ではやりっこないから、学校があるのでしょう。

算数の計算練習も重要です。ちゃんと教師の支援の手が届くところでやらせましょう。宿題で出していると、もっとも支援の必要な子どもたちがやりません。今のコンピューター技術を駆使すれば、その子その子に合った問題を出題できるはずです。算数のゲーム化を研究している先生もたくさんいます。

子どもを脅さなくても、ご褒美で釣らなくてもいい教材を開発しましょう。教科書検定制度を廃止しましょう。これだけの技術進歩があるのに、まだ宿題に頼っているのは、教育界全体の怠惰です。

脳の機能が十分ではない子どもと老人に、共通したことがあります。そもそもの人としての善悪がよく分かるのです。学校の決まり事が何だったのかは、覚えていられないのですが、とにかく人を脅して何かをやらせるのはいけないということは、よく分かります。

73 脅しで発奮させるな

「キミ。キミがこのままで○○高校に行けると思っているの?」と先生が言います。

「……」と生徒。中学校での進路指導の面談場面です。

「キミの今のままだと、無理だよ」

生徒はうつむいています。それから先生のお説教が続きます。

「ふだんのキミに自覚がないよ。そんなことでは、キミの将来はニートだ」。そして最後に「思いっきり頑張ればなんとかなるかもしれない」。先生は、温かく生徒の肩を叩きます。「頑張ってごらん」。生徒はコクンとうなずき、「頑張ります」と言う。

その生徒が大人になってから、そのときのことを覚えていると話してくれました。

「あれは嫌でした」。彼は地獄に落とされたような気がしました。しかし、後で分かったことですが、本当はその高校には楽勝で入れました。まったく先生の脅しでした。それを知って、彼は教師への信頼を失いました。「今となれば、先生が親切で言ってくれたことは分かります。しかし、あれでは勉強は手につきませんでした」

このような体験を言う人に出会ったのが、一度ではありません。このような脅しのテクニックが中学の先生の間に連綿と伝わっています。

この脅しのテクニックが果たしてプラスになっているのか、心理学者や教育学者がきちんと実証的なデータを出してくれたらと思います。

いかにダメな人間であるかを信じ込ませて本人の自信や思考を壊し、そこに「こうすれば救われる」と救いの糸を垂らすのは、カルトのテクニックです。この中学教師がしたことはそれと共通しています。たとえ一つのことをさせるのに成功したとしても、壊してしまう部分が大きすぎます。しかし、このテクニックを使う先生には、自分がしたことの結果が見えるチャンスがなかなかありません。

先生は、うまく生徒を発奮させることができたと思っています。必ず生徒はうなずき、「頑張ります」と言うからです。でも、それはテクニックで「頑張ります」と言わせただけです。たいていは三日坊主で終わります。そうすると先生は「やっぱりアイツはしょうがないやつだ。あのとき頑張るって言ったくせに」で済ませてしまいます。実際には生徒は、自分はしょうがないやつだと思い込んで、集中力を失っているのです。

とにかく、事実無根の恐怖に訴えて人を動かすようなことをしてはいけないです。

74 叱らないと子どもがダメになる？

パワーハラスメントに対する嫌悪感は、大人の世界ではかなり高まっていますが、子どもに対するパワーハラスメントは、教育上必要なのだと見なされることが多いです。

Aさんは保育士です。ある保育園で非常勤職員になりました。その園では、子どもを規律正しく行動させるため、叱り声が絶えません。「早くやるの」「よそ見をしない」ときつい命令が飛び交います。子どもが従わないと厳重注意しています。子どもは、詫びるまで許してもらえません。

Aさんは、叱るのは得意ではありません。得意でないどころか、子どもを叱って育てるべきではないと考えています。叱られて泣いている子には、寄り添おうとします。そうすると、子どもたちがAさんの周りに集まって来ます。叱られた子が、反省の色を見せずに、Aさんにすり寄る。これは他の保育士たちにとっては、はなはだ迷惑です。集団の秩序が、Aさんのために乱れるのです。とうとう園長がAさんを呼んで説諭しました。「あなたもちゃんと叱ってください」

Aさんは、非常勤の立場なので園の方針に口出しする気はなかったのだけれど、つい「私は、叱るのは良くないと思います」と言いました。

園長さんは顔色を変えて、「私たちは、子どものためを思って叱っているのです。いけないことは、ちゃんと叱らないと、子どもはダメになります」。Aさんは、子どもを叱らない方針の園を探して、そちらに移りました。

保育園なら、こういう規律優先の保育園ばかりではないです。子どもを威圧しないよう注意深い園もあります。しかし、小学校になると集団規律優先のところがほとんどです。小学校では、すべての先生がということではありませんが、権威主義的な態度を身に付けた先生、細かいことに厳格な先生、競争意識をあおる先生、などがいます。それは洗練されたパワハラです。露骨に怒声が飛ぶことがあります。でも、小学校は選べないのです。

昔と違って、保護者たちの意識はかなり変化してきています。「叱らないと子どもがダメになる」と信じている人たちが、どれほどいるのでしょうか。昔ながらの集団規律主義とは違うタイプの学校も作って、保護者のニーズに応えたらいいのに、と思います。

75 マルトリートメントの害毒

「マルトリートメントという概念がありますよ」と、あるカウンセラーから聞きました。私は「それだ、それだ」と思わず大きな声を出しました。

マルトリートメントというのは、「何度言ったら分かるんだ」「もうみんなとは○○させられないよ」などと、軽く使われる懲罰や脅しです。「まるで幼稚園児だね」という侮蔑(ぶべつ)とか、「もう、勝手にしろ」と見捨てるようなことも含まれます。

学校の先生たちがこれを自制してくれたら、不登校は半分以下になるでしょう。親たちがマルトリートメントの害毒に気が付いてくれたら、子どもたちが大人の言葉をもっと素直に聞くようになるでしょう。

大人同士だったらそんな失礼な言葉や態度はないだろうということを、目下の人や子どもが相手なら平気で使うことが、マルトリートメントです。子どもなら反撃してこないし、傷ついた様子も見せないからです。言われた子どもは、無表情、無反応です。力関係の上下があるところでは、反応できません。

こんな場面に出くわしたことがあります。小学1年生の男の子が、台所で包丁を手に取って遊ぼうとしました。そばにいたおばさんが、「あら、包丁？」と言いました。その語調が伝えていたのは「こら、お前なんかが包丁をいじるんじゃないよ」でした。

そのとき、その子は無表情、無反応でした。ところが、そのままでは済まない。その子はトコトコと近くのお姉ちゃんにところに行って、お姉ちゃんが工作をしている最中のものに手を出しました。お姉ちゃんが「やめてよぉ」と大声を出す。母親が来て「コラァー」と男の子を叱る。男の子は無言のままで、謝りもしない。

その場面だけ見れば、男の子の方が100％悪いです。しかし、起こったことの連鎖をたどると、最初のおばさんの「あら、包丁？」の語調がマルトリートメントでした。それが男の子の中に憤まんやる方ないものを引き起こし、さらに家族の中に憤まんの渦が伝染していったのでした。

大人からのマルトリートメントがあったとき、子どもは必ずといっていいくらい、無表情、無反応です。そのため、大人はそれがマルトリートメントであったと気付きません。しかし、実際には、大人が傷つくのと同じように、子どもも傷ついています。

76 学校だけが取り残されている

ある不登校の中学生が、2年生の夏休み明けに、「学校に行く」と言いました。学校に伝えると、その長髪を切らないと教室には入れない、と言われました。本人は髪は切らない、と言います。折り合いは付かず、校長の指示で保健室登校になりました。髪くらい切ればいいじゃないか、と多くの人が思うでしょう。しかし、髪を切ることには深い意味が込められています。生徒と学校で、お互いに譲れぬ争点になるのは、当然なのです。

学校側の言い分はこうです。髪など、どうでもよいことではないか。決して、キミにとって無理なことを要求しているのではない。その場のルールに従うことが、社会人であるということなのだ。

生徒側の言い分はこうです。どうでもよいことなら、なぜ干渉するのか。校則であるという以上になんの理由があるのか。単にルールだからという押しつけはやめてくれ。

つまり、この対立は、納得できなくてもルールに従うことが社会人なのか、自分の考えを持つことが社会人なのか、という重要な争点を含んでいるのです。

校長はさぞかし困ったことでしょう。長髪の生徒が教室に入ることを認めるなら、他の生徒たちに示しがつきません。一つの校則が崩れれば、校則全体の権威が失墜するかもしれません。さりとて、学校に来ることを拒否すれば、憲法の保障する「教育を受ける権利」の侵害になります。保健室登校ならよい、としたのは校長の苦肉の策でした。

しかし、考えてみてください。髪型を理由に利用を拒否できる公共機関がほかにあるでしょうか。市役所が、長髪の若者の住民票発行を拒否しますか。図書館がモヒカン刈りの青年の入館を断りますか。今、大人には、いろいろな髪型が流行っています。髪も染め放題です。それで、社会的不都合は起こっていません。

学校は「社会ルールを守らせる」と言いますが、髪型や服装によって人を差別しないことが、今の社会ルールです。校則で髪型を規制するのは、生徒は学校の指示に服従せよ、という意味しかありません。

私が生徒だった時代も、学校が横柄にルールを押しつけることは同じでした。学校だけでなく、市役所も「何か用か？」でしたし、警察も「オイコラ」でした。時代は変わりました。今では、学校だけが取り残されています。

77 教育を選べることは、基本的人権

「親は、子に与える教育の種類を選択する優先的権利を有する」。これは、世界人権宣言の言葉です（第26条第3項）。教育を選べることは、基本的人権なのです。

学校の授業は耐えて座っているだけ、という子どもたちがたくさんいます。その子に合った教育を選べるようになっていたら、どんなに子どもと親が救われたことだろうと思います。日本中どこに行っても、集団一斉授業の学校ばかりです。そこでは一日に何時間も教室内の座学が続きます。子どもの集中力がそんなに続くはずがないです。それを先生が叱ったり、将来のことを言い聞かせたりして、なんとか授業を成り立たせています。叱らなくてもやっていける先生や学校もたまにはありますが、そういう先生や学校に当たるのは、宝くじに当たるようなものです。

いろいろなタイプの子どもたちがいます。身体を動かしていないと、気持ちも頭も働かない子どもたちがいます。このような子どもたちを教室の椅子に座らせて一斉授業をやっていると、退屈でじっとしていません。子どもも先生も大きな苦痛を味わいます。

無味乾燥な知識を教えられることに耐えられない子どもたちがいます。このような子どもたちは、教室の中で白日夢にふけり、ノートの片隅に絵を描いています。こういう子どもたちには芸術や物語が必要なのです。先生が注意するほどに、子どもは空想の中に逃げ込みます。

自分の興味関心があることでないと、取り組むことができない子どもたちがいます。昆虫好き、電車好き、工作好きといった子どもたちです。授業に集中しなさいと言われても、本当に注意力を振り向けることができません。

文科省は、国民の味方になってはくれませんでした。学習指導要領をいじっては、「今度は良くなります。今度は良くなります」と言うだけなのです。

現在の学校制度ができたのは１９４７（昭和22）年の春です。一方、世界人権宣言が国連で採択されたのは48年です。間に合わなかったのです。政治に民主主義は根付きましたが、教育にはお役所方式のトップダウンしかありません。親と子どもが教育を選んでもいい、という考え方は、むしろ「わがまま」と捉えられていました。そのため、学校に合わないたくさんのマイノリティがいることは、気付かれさえもしなかったのです。

初出一覧

＊書籍化にあたり、加筆修正しています。
＊書き下ろし以外は、信濃毎日新聞「コンパス」欄に掲載されたものです（日付は掲載日）。

第1章

1～7 書き下ろし／**8** 2023年7月15日付／**9** 2013年8月7日付／**10** 2013年12月18日付／**11～21** 書き下ろし／**22** 2020年8月19日付／**23** 2019年11月27日付／**24** 書き下ろし

第2章

25 2011年10月12日付／**26** 2018年12月26日付／**27** 2023年2月18日付／**28** 2019年5月29日付／**29** 2018年8月1日付／**30** 2023年3月25日付／**31** 2020年10月28日付／**32** 2018年11月21日付／**33** 2019年2月6日付／**34** 2010年6月6日付／**35** 2017年3月1日付／**36** 2024年9月14日付／**37** 2024年4月6日付／**38** 2018年4月11日付／**39** 2020年6月3日付／**40** 2018年5月23日付／**41** 2022年7月27日付／**42** 2021年1月13日付／**43** 2022年10月19日付／**44** 2024年7月27日付／**45** 2018年1月31日付／**46** 2020年2月12日付／**47** 2020年4月22日付／**48** 書き下ろし／**49** 2019年3月13日付／**50** 2021年12月8日付／**51** 2021年8月25日付／**52** 2021年6月9日付／**53** 2021年2月17日付／**54** 2023年6月10日付

第3章

55 2004年4月19日付／**56** 2023年11月4日付／**57** 2021年11月3日付／**58** 2024年3月2日付／**59** 2023年12月9日付／**60** 2020年9月23日付／**61** 2018年3月7日付／**62** 2017年7月26日付／**63** 2019年9月18日付／**64** 2021年7月14日付／**65** 2022年3月2日付／**66** 書き下ろし／**67** 2022年4月6日付／**68** 2020年7月8日付／**69** 2020年3月18日付／**70** 2018年10月17日付／**71** 2019年4月17日付／**72** 2023年9月30日付／**73** 2009年3月8日付／**74** 2021年3月24日付／**75** 2023年8月26日付／**76** 2020年12月2日付／**77** 2024年6月22日付

おわりに

本書は、信濃毎日新聞の教育コラム「コンパス」欄に掲載されたエッセーから抜粋して本にしたものです。ただし、不登校については、まとめてわかりやすく書きたかったので、書き下ろして第1章としました。

2000年代の初めごろ、私は私塾をしながら、ネット上で日本教育について書いていました。それを読んだ信濃毎日新聞社の向井紀文記者が、まったく無名であった私に、新聞にコラムを書かないかと声をかけてくれました。気が付けば、それから20年以上も続いています。200本以上を書きました。担当の記者さんが次々と変わるうちに、初めの頃の方がデスクになったり、論説委員になったりしました。

私は、自分で体験したことを中心に、学校についてモヤモヤと感じることを、「これは言葉にしたい」と書いていました。そうしたら、読者からの評判が良かったです。「愛読者です」という声をたくさんいただきました。でもきっと学校関係者には煙たがられているだろうな、と思っていました。ところが驚いたことに、学校教育に携わる方たちから「読んでいます」「勉強になります」という声をいくつもいただきました。教育について、私は専門教育を受けた人間ではありません。

20代の終わり頃、私はとにかく自由に生きたいと思って、会社を辞めました。その後、作品を完成させない文筆家であり、絵を仕上げない画家であるというような生活をしていました。そんなとき、「ボランティアで不登校の子に勉強を教えないか」とか「ちょっとうちの子のお勉強を見てよ」という声が掛かるようになりました。

教育に関して、こんな直感を持っていました。それぞれの子どもが自分の人生目的を持って生まれてきている。その人生目的を支援するのが教育の目的である。学びと遊びは違うものではない。その子の人生目的は、自発的な遊びの中に現れてくるから、それを支援していると、だんだんその子自身の人生が展開していく。

このような教育哲学は、子どもたちと相性が良かったようです。口コミだけで人が集まり、生徒が長続きします。生徒も親も学校への本音を言ってくれます。

私は、子どもの遊びを支援することと、教科的なものを教えることを、同等に見ていました。子どもが遊んでいるときには、この遊びはこの子の発達にどう役立つのか、と探求していました。子どもに教えるときは、できるだけの工夫をしましたし、分からないときに絶対に子どものせいにしないことにしていました。

そうしたら、面白い発見の連続でした。学校関係者も親も、子どもにどうやって課題をこなさせるかに気を取られて、子どもの本当の姿を見失っています。

私の塾は、生徒を選ばない、宣伝をしない、ご縁があったら付き合う、という塾でした。そうしたら、学校には合わないいろいろな親子がやって来ました。

とくに不登校の親子とは、ご縁がたくさんできました。不登校には、学校要因、家庭要因、本人要因など、さまざまな要因があります。しかし、根本的な要因は、制度要因です。もし学校に合わない子がいれば、その子に合わせて、たちまち新しい教育ができてくる仕組みがあれば、不登校はそもそも生じないのです。民主主義が発達した国々に不登校問題がないのは、そのためです。

信濃毎日新聞社さんのご支援は、ほんとうに有難いものでした。書籍として出版するにあたり、本間慎也さん、鈴木真澄さんのお世話になりました。出版を引き受けていただいたかもがわ出版さんに出会えたことは嬉しかったです。編集にあたった伊藤知代さんには、読みやすい本にするために必要なことを、みんな引き受けていただきました。みなさまに、深く感謝しております。

古山明男

古山明男　Furuyama Akio

1949年千葉市生まれ。出版社勤務を経て、在野の研究者（教育、経済）。1990年頃より、小さな私塾で地域の教育ニーズに応える。子どもを脅さない、ご褒美で釣らない「無賞罰教育」を研究・開発。教育の歴史、国際比較、制度を研究。不登校の子どもたちの居場所確保、活動保障、制度的支援にたずさわる。
多様な教育を推進するためのネットワーク（おるたネット）代表。千葉市教育機会確保の会代表。著書に『変えよう！日本の学校システム』（平凡社）、『ベーシック・インカムのある暮らし』（ライフサポート社）など。

装丁　仁井谷伴子
イラスト　友田厚子

学校に合わない子どもと親が元気になる77の知恵

2025年2月1日　初版第1刷発行

著　者　古山 明男
発行者　田村 太郎
発行所　株式会社かもがわ出版
〒602-8119　京都市上京区堀川出水西入
TEL　075-432-2868　FAX　075-432-2869
振替　01010-5-12436
https://www.kamogawa.co.jp
印刷所　シナノ書籍印刷株式会社

ISBN978-4-7803-1352-9　C0037